KB237586

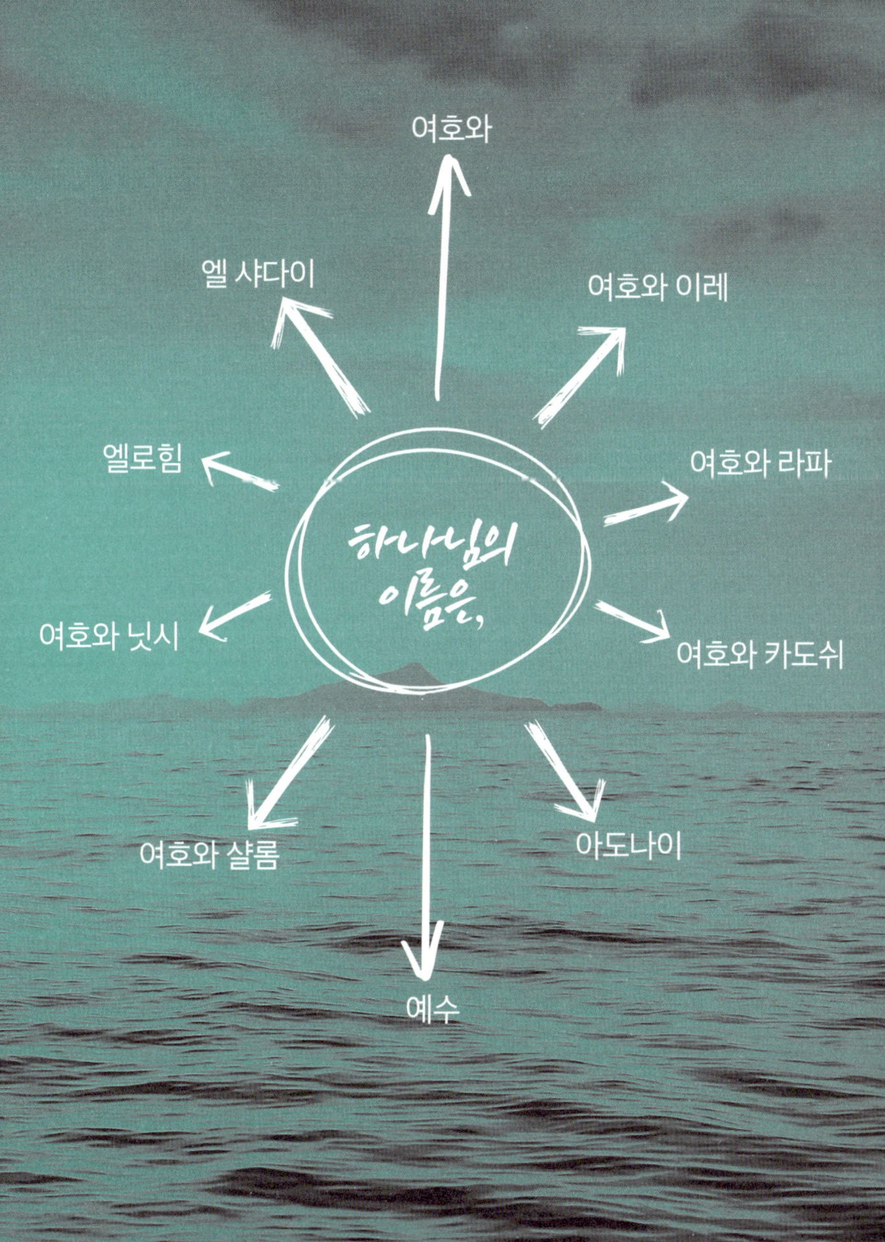
여호와
여호와 이레
엘 샤다이
여호와 라파
엘로힘
여호와 카도쉬
여호와 닛시
하나님의 이름은,
아도나이
여호와 샬롬
예수

일러두기

- 본문에 인용한 성경 구절은 개역개정판을 사용하였습니다. 그 외의 역본을 인용한 경우에는 해당 구절 옆에 따로 출처를 밝혀 두었습니다.

- 각 장(Chapter)의 도입부에는 독자의 이해를 돕기 위해 개역개정과 새번역 두 가지 버전을 함께 수록하였습니다. 독자의 성향에 따라 더 편하게 읽히는 버전을 선택하여 묵상하시기 바랍니다.

하나님의 이름은,

오늘 내 삶에 찾아온 열 개의 이름 이야기

김상호 지음

차
례

이 책은 단순히 성경에 나오는 하나님의 이름들에 대한 신학적 뜻풀이가 아닙니다. 저자는 하나님의 이름들 각각이 지니고 있는 풍성한 의미를 연약한 질그릇 같은 우리 삶의 현실과 이어 줍니다. 이 책의 한 장 한 장을 넘기면서, 하나님의 이름을 부르고 싶어지는 경험을 했습니다. 하나님은 이유 없이 당신의 이름들을 다양하게 우리에게 계시하신 것이 아닙니다. 특정한 순간만이 아니라, 우리가 마주하고 살아가는 다양한 삶의 모든 자리에서 하나님의 이름을 부르게 하시고 우리를 만나 주시려는 하나님의 마음을 이 책에서 봅니다. 여러분이 이 책을 읽어 가는 동안, 여러분을 향한 선하신 하나님의 마음을 만나게 되고, 그때마다 그 하나님의 이름을 부르고 싶어지는 은혜를 누리게 되기를 바랍니다. 저에게 그랬던 것처럼 말입니다.

김형익(벧샬롬교회 담임 목사, 『우리가 하나님을 오해했다』 저자)

이 책은 성경에서 계시된 하나님의 이름을 통해 우리가 어떤 하나님을 믿고 있는지, 그리고 그 하나님이 어떤 분이시기에 오늘의 삶을 안심하며 살아갈 수 있는지를 정직하게 묻고, 말씀 앞에서 하나님을 다시 보게 합니다.

저자는 오랜 목회 현장에서 성도들과 함께 호흡하며 얻은 삶의 통찰을 바탕으로, 세상의 지혜가 아니라 성경이 증언하는 하나님 중심적 관점에서 현실의 문제를 풀어 냅니다. 구약과 신약을 유기적으로 연결하는 해석 속에는 오랫동안 주일 강단을 지켜온 목회자의 깊은 내공이 자연스럽게 드러납니다.

특별히 이 책은 독자들이 하나님 말씀을 회피하지 않고 정직하게 마주하도록 이끕니다. 그래서 위로나 처방을 서두르기보다 하나님이 누구신지를 다시 붙들게 하며 믿음의 중심을 바로 세웁니다. 불안과 혼돈의 시대를 살아가는 성도들에게는 신앙의 방향을 분명히 해 주고, 말씀을 전하는 이들에게는 성경을 삶으로 연결하는 설교의 한 모범을 제시합니다. 한 치 앞을 내다보기 어려운 혼동의 시대를 살아가는 오늘의 교회와 성도들에게, 이 책을 기꺼이 권합니다.

문화랑(고려신학대학원 예배학 교수)

하나님을 아는 것이 진짜 삶을 바꿀까요? 그것은 미스터리이기도 합니다. 한 쪽에서는 많은 신학적 표현으로 하나님을 말하지만 전혀 삶과는 무관한 것 같은 차가운 가르침들이 있고, 다른 한 편에는 삶에 영향을 끼치려는 많은 자기계발서적 내용들이 있지만 그 가운데서 좀체 하나님을 찾아볼 수 없는 가르침들이 있기 때문입니다. 이 책은 행복한 예외이며, 하나님 이름의 의미를 아는 지식이 어떻게 삶에 영향을 끼치는지, 어떻게 삶을 바라보는 자세를 바꾸는지를 섬세하게 표현해 주고 있습니다.

이 책의 가장 좋은 점은 모든 내용이 좋은 '이야기'들로 꾸며져 있다는 것입니다. 단지 하나님의 이름을 정의하고, 그 의미만을 말하는 것이 아니라 그 이름을 만난 사람들, 그 이름을 통해 구원받은 사람들의 이야기를 통해 하나님을 설명함으로 생생히 와닿게 한다는 것입니다. 강해적 설교를 배경으로 하지만 따뜻한 에세이같은 이 책을 강력하게 추천합니다.

이정규 (시광교회 담임 목사, 『새가족반』 저자)

우리의 신앙은 하나님을 아는 만큼 자라게 됩니다. 그런데도 자주 우리는 교회 활동에 익숙해지거나 신앙적으로 마음을 터놓을 수 있는 친구들을 만나게 될 때 스스로 신앙생활을 잘하고 있는 것처럼 생각하는 경향을 가지게 됩니다. 그러다 보니 조국 교회의 신앙이 다분히 주관적이고 자기중심성을 벗어나지 못하는 모습을 자주 보게 됩니다. 이런 시대에 이 작지만 귀한 책이 출판되고 부족한 사람이 추천하게 되어 큰 기쁨으로 생각합니다.

저자는 이 책에서 우리의 신앙생활에서 하나님을 아는 지식의 중요성을 강조하면서 성경에 나오는 열 가지 하나님의 이름을, 엘로힘부터 궁극적인 이름이신 우리 구주 예수님에 이르기까지 하나님의 호칭과 그분의 성품을 알아 가는 도전을 우리에게 하고 있습니다. 성경의 많은 인물과 믿음의 사람들이 그러했던 것처럼 이 책을 읽는 모든 분이 하나님을 새롭게 알아 가면서 마음이 변화되고, 삶의 태도가 달라지며, 실제적인 환경의 변화가 임하게 되는 은혜를 누리게 되기를 바랍니다. 그러한 믿음으로 이 책을 적극 추천드리는 바입니다.

화종부(남서울교회 담임 목사, 『읽는 설교 갈라디아서』 저자)

고난 앞에 서면 인간은 한없이 약해지고 초라해집니다. 이렇게 버겁게 인생을 살아가는 사람들에게 기독교가 소개하는 하나님은 때로는 무정해 보이기도 하고, 때로는 잔인해 보이기도 합니다. 그나마 하나님 편에 서면 하나님이 지켜 주시고, 하나님 편에 서지 않으면 하나님이 도와주시지 않는다고 말하는 기복적인 관점이 더 그럴듯한 설명이 되겠다 싶을 만큼 고난 중에 있는 인간이 하나님을 마주하는 것은 아주 긴 시간 철학의 주제였고, 신앙의 수수께끼였습니다.

질문하는 것조차 믿음이 없고 불경한 것으로 간주되는 분위기라면 이 주제는 피하는 것이 상책입니다. 그런데 저자는 담대하게 이 문제를 대면합니다. 고난의 현실 앞에서 하나님을 피하기보다 하나님이 어떤 분인지를 다시 한 번 확인해 보자고 설득합니다. 특히 불안과 두려움의 문제, 질병과 가난의 문제, 불공평함과 부당함의 문제로 신앙적 갈등을 겪고 있는 현대인들을 책망하기보다는 따뜻하게 위로하면서 하나님 앞으로 인도합니다. 하나님을 바로 안다면 고난도 다르게 볼 수 있을 것이라는 확신으로 말입니다.

야고보 사도도 비슷한 권면을 한 적이 있습니다. 고난 중에 혼란스러울 때는 후히 주시고 꾸짖지 않으시는 하나님에게 지혜를 구하자고 했습니다. 그렇게 지혜를 구할 때 조금도 의심하지 말라고 합니다. 이는 단지 고난이 해결될 것이라는 확신을 가지라는 말이거나, 기도한 것은 다 이루어질 것임을 의심하지 말라는 말이 아니라 하나님의 선하심, 하나님이 어떤 분인지 의심하지 말라는 말입니다. 그리스도 안에서 완성되어 우리에게 더욱 선명해진 하나님의 이름! 그 이름들을 통해 하나님을 만나고 하나님을 의지할 때 비로소 고난과 더불어 살 용기도, 고난 중에도 참된 자유를 누릴 여유도 가능해질 수 있다는 확신으로 저자는 독자들을 위로합니다. 이 시대에 너무 듣고 싶은 복음의 메시지입니다.

노진준(순회설교자, PCM공동 대표)

프롤로그

지금 여러분에게 하나님은 어떤 분인가요?

새벽 두 시, 불면의 밤을 보내던 한 어머니에게서 짧은 메시지 하나가 도착했습니다. "목사님, 아들이 취업에 실패하고 방에 틀어박혀 나오지 않습니다. 제 기도가 이제는 하나님에게 들리지 않는 걸까요?"

그날 새벽부터 아침까지, 저는 그 간절한 메시지 앞에 오래 앉아 있었습니다. 메시지를 보낸 분은 30년 넘게 한결같이 신앙을 지켜온 집사님이었습니다. 기도의 자리를 떠난 적도 거의 없고, 교회를 향한 헌신도 늘 앞자리에 서던 분이었습니다. 그런데 아들의 고통 앞에서, 그분의 신앙은 아들과 함께 방 안에 갇혀 버린 것처럼 느껴졌습니다.

이와 비슷한 이야기는 목회 현장에서 낯설지 않게 들려

옵니다. 그럴 때마다 저는 "큰 산아 …… (너는) 평지가 되리라"(슥 4:7)라는 말씀을 떠올리며 외쳤습니다. 그러나 시간이 지날수록 메아리가 잦아들기보다 오히려 더 깊은 신음과 질문이 들려왔습니다. "거듭되는 실패 앞에서 더 이상 앞으로 나아갈 힘이 없습니다. 기도도 해 봤고 최선을 다했는데, 제 앞에 있는 이 큰 산은 언제쯤 평지가 될까요? 언제까지 산을 오르고 넘어야 할까요?"

그 질문들에는 깊은 좌절과 함께 하나님을 향한 조심스러운 의문이 담겨 있었습니다. 저는 그분에게 이렇게 물었습니다. "지금 집사님에게 하나님은 어떤 분인가요?" 잠시 무거운 침묵이 흘렀습니다. 그리고 아주 솔직한 고백이 이어졌습니다. "사실 잘 모르겠어요. 제 기도를 정말 듣고 계신지, 지금도 저와 함께 계신지, 여전히 사랑의 하나님이신지 확신이 없습니다."

그 순간 저는 깨달았습니다. 그분이 넘지 못하고 있던 진짜 산은 눈앞의 상황이나 문제가 아니었습니다. 하나님을 제대로 알지 못한다는 사실이었습니다. 문제는 하나님이 아니라, 그분이 오해하고 있던 하나님이었습니다. 우리가 하나님을 어떻게 이해하느냐는 우리의 생각을 만들고, 그 생각은 태도가 되며, 결국 삶의 방향을 결정합니다.

목회를 하며 수많은 성도를 만나면서 분명해진 사실이 하나 있습니다. 같은 시련 앞에서도 어떤 이는 무너지고, 어떤 이는 끝까지 버텨 냅니다. 같은 불안 속에서도 어떤 이는 절망에 잠기고, 어떤 이는 평안을 누립니다. 그 차이는 상황이 아니라 그들이 알고 있는 하나님이 달랐기 때문입니다.

하나님을 '멀리 계신 심판자'로만 아는 사람은 늘 긴장 속에서 살아갑니다. 하나님을 '복을 주시는 분'으로만 이해하는 사람은 응답이 보이지 않을 때 쉽게 낙심합니다. 그러나 하나님을 '임마누엘, 함께하시는 분'으로 아는 사람은 칠흑 같은 어둠 속에서도 혼자가 아니라는 확신으로 걸어갑니다.

성경은 "내 백성이 지식이 없으므로 망하는도다"(호 4:6)라고 말합니다. 여기서 지식은 정보를 머리로 많이 아는 것을 뜻하지 않습니다. 하나님을 인격적으로 알고, 관계 안에서 경험하며 쌓아 가는 이해를 말합니다. 이 앎이 없을 때 우리는 삶의 산 앞에서 쉽게 주저앉습니다. 그러나 이 앎이 있을 때, 산이 여전히 높아 보여도 그 앞에서 무너지지 않습니다.

오해하지 마십시오. 하나님을 깊이 안다고 해서 삶의 산이 마법처럼 사라지는 것은 아닙니다. 질병은 여전히 찾아오고, 관계의 갈등은 반복되며, 경제적 어려움도 한순간에 끝나지 않을 수 있습니다. 그런데 한 가지 놀라운 일이 일어납니다. 산은 그대로인데, 우리가 달라집니다.

'여호와 이레'를 아는 사람은 막막한 현실 앞에서도 "하나님이 이미 준비하셨다"는 믿음으로 한 걸음씩 걸어갑니다. '엘 샤다이'를 경험한 사람은 불가능해 보이는 상황 속에서도 "전능하신 하나님에게는 길이 있다"는 확신으로 기도를 멈추지 않습니다. '여호와 샬롬'을 만난 사람은 혼란의 폭풍 한가운데서도 "하나님이 나의 평강이시다"라는 고백으로 마음을 지켜 냅니다.

산이 평지가 되는 이유는, 산 자체가 낮아져서가 아닙니다. 하나님을 아는 지식이 우리 안에 깊어질수록 산을 바라보는 시선이 달라지고, 산을 대하는 태도가 바뀌며, 결국 산 너머에 계신 하나님을 바라보게 되기 때문입니다.

이 책은 하나님이 성경을 통해 자신을 드러내신 열 가지 이름을 따라 걸어가는 이야기입니다. 그 이름들을 통해 하나님이 어떤 분이신지, 그분이 우리를 어떤 마음으로 바라보고 계신지를 다시 묻고자 합니다.

엘로힘에서 시작하여 예수 그리스도에 이르기까지, 각각의 이름은 단순한 호칭이 아닙니다. 그 이름에는 하나님의 성품과 이야기, 그리고 인간을 향한 하나님의 마음이 담겨 있습니다. 더 놀라운 것은, 그 이름들을 알아 갈수록 하나님만이 아니라 우리 자신에 대해서도 새로운 이해에 이르게 된다는 사실입니다.

성경 속 인물들도 그러했습니다. 아브라함은 '엘 샤다이'를 만난 뒤 자신의 방식을 내려놓았고, 모세는 '여호와'를 알게 된 후 백성을 이끌 용기를 얻었으며, 기드온은 '여호와 샬롬'을 경험한 뒤 더 이상 숨어 있지 않게 되었습니다. 하나님을 아는 지식이 그들의 생각을 바꾸었고, 그 생각은 태도를 바꾸었으며, 마침내 그들의 인생 전체를 바꾸어 놓았습니다.

산은 그대로였습니다. 그러나 사람이 달라졌습니다. 상황은 크게 변하지 않았지만, 마음이 먼저 변했습니다. 이것이 하나님을 아는 지식이 가진 경이로운 힘입니다.

지금 이 순간, 여러분에게 조심스럽게 묻고 싶습니다. 지금 여러분의 인생에서 가장 힘든 것은 무엇입니까? 가장 두려운 것은 무엇입니까? 가장 절망스럽게 느껴지는 문제는 무엇입니까? 바로 그 지점이, 하나님을 새롭게 알아 가야 할 자리입니다. 바로 그곳에서 하나님은 이미 여러분을 기다리고 계십니다. 여러분이 그분의 이름을 부르기를, 피상적으로가 아니라 진심으로 알기를, 그리고 삶의 한가운데서 깊이 만나기를 간절히 원하고 계십니다.

이 책을 통해 하나님의 이름을 단지 머릿속 '아는 지식'으로 남겨 두지 않고, 삶 속에서 '경험하는 이름'으로 만나게 되기를 바랍니다. 그리고 그 경험을 통해, 지금 여러분 앞에 놓인 산이 더 이상 넘을 수 없는 장애물이 아니라 하나님을 더 깊이 알아 가는 통로가 되기를 소망합니다.

기억하십시오. 우리가 알고 있는 하나님이 우리의 오늘을 결정합니다. 그리고 앞으로 여러분이 알게 될 하나님이, 여러분의 인생을 완전히 바꾸어 가실 것입니다.

2026년 2월

김상호

Elohim

Chapter 1

세상의 모든 문제를
작게 만드는 이름,

엘로힘

[1]태초에 하나님이 천지를 창조하시니라

[26]하나님이 이르시되 우리의 형상을 따라 우리의 모양대로 우리가 사람을 만들고 그들로 바다의 물고기와 하늘의 새와 가축과 온 땅과 땅에 기는 모든 것을 다스리게 하자 하시고
[27]하나님이 자기 형상 곧 하나님의 형상대로 사람을 창조하시되 남자와 여자를 창조하시고
[28]하나님이 그들에게 복을 주시며 하나님이 그들에게 이르시되 생육하고 번성하여 땅에 충만하라, 땅을 정복하라, 바다의 물고기와 하늘의 새와 땅에 움직이는 모든 생물을 다스리라 하시니라

¹태초에 하나님이 천지를 창조하셨다.

²⁶ 하나님이 말씀하시기를 "우리가 우리의 형상을 따라서, 우리의 모양대로 사람을 만들자. 그리고 그가, 바다의 고기와 공중의 새와 땅 위에 사는 온갖 들짐승과 땅 위를 기어다니는 모든 길짐승을 다스리게 하자" 하시고,

²⁷ 하나님이 당신의 형상대로 사람을 창조하셨으니, 곧 하나님의 형상대로 사람을 창조하셨다. 하나님이 그들을 남자와 여자로 창조하셨다.

²⁸ 하나님이 그들에게 복을 베푸셨다. 하나님이 그들에게 말씀하시기를 "생육하고 번성하여 땅에 충만하여라. 땅을 정복하여라. 바다의 고기와 공중의 새와 땅 위에서 살아 움직이는 모든 생물을 다스려라" 하셨다.

한때 누구보다 열정적으로 달리던 마라톤 선수가 있었다. 매일 같은 시간에 트랙을 돌았고, 남들보다 두 배는 더 뛰어야 하루가 끝난 것 같았다. 몸이 힘들어도 훈련을 멈추지 않았다. 달리는 것이 곧 자신의 존재를 증명하는 방식이었기 때문이다. 그러던 어느 날, 경기 도중 갑작스러운 부상이 찾아왔다. 다리에 날카로운 통증이 밀려왔고, 그는 더 이상 한 발도 내딛지 못한 채 트랙 위에 멈춰 섰다. 마치 숨 가쁘게 달려온 인생의 전원이 단번에 꺼져 버린 것만 같았다. 병원에서 들은 진단은 간단했지만 무거웠다. "당분간은 뛰기 어렵습니다." 수술대 위에 누운 그는 천장을 바라보며 조용히 중얼거렸다. "이제 나는, 여기까지인 걸까."

살아가다 보면 이렇듯 다른 모습 다른 크기로, 인간의 힘으로는 감당하기 어려운 문제들이 찾아온다. 가족이 병으로 고통받는 모습을 지켜볼 때나 내 몸과 마음이 지쳐서 아무것도 손에 잡히지 않을 때, 삶의 무게는 견딜 수 없을 만큼 무겁게 느껴진다. 아무리 열심히 일해도 경제적인 형편이 나아지지 않을 때도 있고, 누구보다 성실히 애쓰는데도 상황이 오히려 더 꼬여만 가는 순간도 있다. 심지어 내 마음조차 뜻대로 다스려지지 않아 불안과 우울에 흔들릴 때도 있다. 그럴 때 우리는 매우 지치고, 신앙마저 흔들리는 경험을 한다. "기도했는데 왜 아부 일도 일어나지 않는 걸까? 하나님은 나를 외면하신 걸까?" 이런 질문을 누구나 한 번쯤 갖게 된다.

말씀 한마디, 존재가 시작되다

처음으로 만나게 될 하나님의 이름은 '엘로힘'(Elohim)이다. 이 이름은 창세기 첫 장면에 등장한다.

태초에 하나님이 천지를 창조하시니라(창 1:1).

여기서 주목해야 할 점이 하나 있다. 원어 성경에 보면, '엘로힘'은 '엘'(El, 신)의 복수형인데 단수형 동사와 함께 쓰였다는 것이다. 언뜻 모순처럼 보이는 이 조합은 한 분이면서도 풍성한 삼위의 신비를 간직한 하나님의 본질을 드러낸다.

그리고 또 한 가지 기억해야 할 단어는, '창조하다'라는 의미를 가진 히브리어 동사, '바라'이다. '바라'는 오직 하나님에게만 사용할 수 있는데, 무에서 유를 창조하실 수 있는 분은 오직 하나님 한 분이기 때문이다. 인간에게는 '바라'라는 단어를 붙일 수 없다. 인간은 이미 있는 재료를 변형하거나 조합할 뿐이다. 그러나 하나님은 말씀 한마디로 빛을 부르시고, 바다를 나누시며, 생명을 존재하게 하셨다.

과학이 발달한 오늘날에도 천문학자들은 우주의 비밀을 관찰하며 놀라움을 감추지 못한다. 허블망원경이 전송한 은하 사진을 보면 수십억 개의 별이 광활한 우주 공간에서 제 자리를 지키며 움직이는 모습은 마치 정밀하게 짜인 거대한 시스템을 보는 듯하다. 혼돈에 빠질 법한 무한한 세계가 이토록 일관된 규칙과 조화를 이루고 있다는 사실이 놀라울 따름이다. 이 경이로운 조화가 바로 엘로힘 하나님의 능력이다.

'엘로힘'은 단순히 능력이 좋아서 뭐든지 창조할 수 있다는 의미를 넘어 선다. 하나님은 혼돈 속에서 질서를 세우시고, 허무 속에서 생명을 불러 내신다. 인간이라면 계획이 무너질 때 삶이 공허하게 느껴질테지만, 하나님은 끊임없이 무언가를 새롭게 창조하실 수 있는 분이다. 하나님의 말씀은 단순한 소리가 아니라 창조의 능력을 가진 도구다.

창세기에는 "(하나님이 말씀하시니) 그대로 되니라"는 말씀이 반복되어 나온다(1:7; 9; 11; 15; 24; 30). 이 선언은 지금 우리에게도 유효하다. 피조물이 즉시 순종하는 그 말씀에는, 여전히 현재형으로 작동하는 생명의 힘이 담겨 있다.

불안의 한가운데서 배우는 것들

하지만 솔직히 말하면, 우리 삶은 창세기의 웅장한 선언과는 달리 늘 불안하다. 창조주가 세상을 질서 있게 세우셨다는 말씀은 머리로는 알지만, 눈앞의 현실에서는 자꾸만 흔들린다. 고난은 예고 없이 찾아오고, 때로는 너무 오래 머물기 때문이다. 어떤 이는 뜻밖의 사고로 사랑하는 가족을 잃고, 또 어떤 이는 수년간 준비한 시험에서 계속 낙방한다. 누군가는 친구들의 성공 소식에 축하의 말을 건네면서도, 속으로는 '나는 왜 이 자리에 멈춰 있을까' 하는 불안을 떨치지 못한다.

이런 순간에 흔히 드는 질문이 있다. "내가 뭘 잘못한 건 아닐까? 내 신앙에 문제가 있는 건 아닐까?" 기도해도 응답이 없으니, 마치 하나님이 나를 외면하신 것처럼 느껴지고, 자책은 점점 더 깊어진다.

그러나 성경은 고난이 반드시 죄 때문이라고 말하지 않는다. 욥의 이야기가 그 증거다. 그는 이유를 알 수 없는 고통을 겪었지만, 하나님은 그 과정을 통해 욥을 더 깊은 자리로 초대하셨다. 침묵조차 하나님의 도구가 될 수 있다는 사실, 그게 욥기를 읽으며 깨닫는 놀라운 비밀이다. 우리가 이해하지 못한다고 해서 하나님이 일하시지 않는 것은 아니다.

이 불안의 문제는 종교를 가진 사람에게 국한되지 않는다. 일론 머스크는 한 인터뷰에서 아침에 일어난 직후 휴대전화부터 확인하는 '끔찍한 습관'을 가지고 있다고 말했다. 그 이면에는 회사의 비상 상황을 놓칠지 모른다는 강박적인 불안감 때문이라고 고백했다. 결국, 통제할 수 없는 상황에 대한 두려움이 그를 매일 아침 휴대전화에 묶어 두었던 것이다. 그는 인류 역사에 길이 남을 기업을 세운 인물이지만, 불안 앞에서는 평범한 이들과 다르지 않았다. 이처럼 불안은 누구도 피할 수 없는 인간의 보편적인 경험이다.

그렇다면 고난의 순간마다 우리는 질문을 바꿀 필요가 있다. "왜 나에게 이런 일이 생겼을까?"라는 원망의 질문은 우리를 더 갇히게 만들지만, "이 상황에서 하나님이 나에게 무엇을 말씀하시는 걸까?"라는 질문은 고난을 바라보는 우리의 시선을 바꾼다. 문제 자체가 해결되지 않아도, 문제는 우리의 시선을 하나님에게로 향하게 하는 통로가 될 수 있다.

삽자기 수술을 받게된 운동선수처럼 예상치 못한 순간에 삶이 멈출 때가 있다. 그러나 이 멈춤의 순간은 단순히 끝이 아니다. 멈춤은 새로운 시작을 가리키는 표지판일 수 있다. 인생이 더는 굴러가지 않는 것 같을 때, 하나님은 우리가 미처 알지 못한 길을 열어 보이신다.

실제로 삶의 큰 상처와 시련을 통과한 사람들이 공통적으로 하는 말이 있다. "문제가 커질수록, 하나님이 더 크게 다가오셨습니다." 이 고백은 단순한 위로가 아니다. 병실에 누워 있던 청년이 암 진단을 받고 처음엔 세상이 무너지는 듯했지만, 시간이 흐르면서 오히려 "나는 더 이상 내 힘으로 살 수 없다는 걸 알았습니다. 그때 하나님이 전보다 더 선명하게 다가왔습니다"라고 고백한 일도 있다. 이렇듯 '문제'는 우리 시선을 억지로라도 들어 올려 하나님을 향하게 한다. 그 고통이 우리를 문제보다 크신 분 앞으로 데려가는 것이다.

창세기의 하나님, 곧 엘로힘은 우주의 질서를 세우신 분일 뿐 아니라 오늘 우리의 혼란스러운 현실에도 여전히 살아 계신다. 고난은 우리를 무너뜨리기 위한 것이 아니다. 오히려 그 자리에서 하나님의 존재를 새롭게 배우는 기회가 된다.

완벽한 설계자 하나님

창조주 하나님의 힘과 지혜는 인간이 감히 가늠할 수 없는 차원에 있다. 이사야는 이렇게 선포한다.

> 피곤하지 않으시며, 곤비하지 않으시며, 명철이 한이 없으시다(사 40:28).

이 말씀은, 인간은 하루만 과로해도 지쳐 쓰러지지만, 하나님은 쉼 없이 세상을 돌보신다는 사실을 알려 준다. 우리는

하나님의 이름은,

종종 오해한다. 하나님이 창조 사역을 마치신 후 일곱째 날 안식하셨다는 이야기를 들으면, 마치 하나님도 우리처럼 지쳐서 쉬신 것이라고 생각한다. 그러다가 혹시 하나님이 너무 바쁘고 힘드셔서 지금 내 삶에 무관심하신 건 아닐까 하는 의심으로 연결된다. 그러나 그것은 인간의 수준으로 하나님을 오해한 것일 뿐 하나님은 전혀 피곤하지 않으신 분이다.

재개발 현장이나 도시 건설 현장을 떠올려 보자. 중장비가 움직이는 모습은 무척이나 거대해 보인다. 하지만 그 크고 무거운 기계조차 도시의 한 귀퉁이, 지구의 한 점에 불과하다. 그런데 하나님은 그 광대한 우주를 말씀 한마디로 존재하게 하셨다. 수십억 개의 은하와 별들이 정교하게 움직이고, 작은 미생물 하나까지도 질서를 유지한다. 놀라운 것은 이 모든 것을 만드신 하나님이 전혀 피곤하지 않으시다는 사실이다. 그것은 하나님이 단순히 힘이 세신 분이 아니라, 우리의 상상을 훌쩍 넘어서는 궁극적인 존재라는 것을 보여 준다.

예전에 한 컴퓨터 공학 교수님과 대화한 적이 있다. 그분은 과학적으로 증명되지 않은 것을 쉽게 믿지 않는, 철저히 합리적인 분이었다. 그런데 창세기를 읽으면서 생각이 바뀌셨다고 한다. 그분은 이렇게 고백했다. "제가 프로그램 한 줄을 잘못 코딩하면, 그 작은 실수 하나로 전체 시스템이 다운됩니다. 그런데 하나님은 수십억 개의 별과 생명체를 오류 없이 운행하시잖아요. 이건 하나님이 살아계시다는 가장 강력한 증거입니다. 누군가 설계하고 계시지 않고서는 이렇게 완벽할 수 없습니다." 그분의 말은 단순한 신앙 고백이 아니라, 과학자의 눈으로 본 신비였다. 오히려 과학이 깊어질수록, 창조주의 존재가 더 분명하게 드러나는 법이다.

엘로힘 하나님에 대해 우리가 놓치지 말아야 할 말씀이 또 하나 있다.

청년 시절 나는 외모에 대한 열등감이 있었다. 키는 컸지만, 피부는 까만 편이었다. 지금도 매년 선교를 갈 때마다 점점 피부가 타는데 보통 사람은 다시 하얗게 돌아오지만 내 피부는 시간이 지나도 계속 까무잡잡한 채로 있다. 이뿐만이 아니다. 눈은 왜 이리 작은지, 전도사로 활동하던 시절 충격적이 사건이 하나 있었다. 찬양 인도를 하고 있는데, 어떤 분이 막

달려오셔서 "전도사님, 왜 찬양할 때 항상 기도를 하세요?"라고 물어본 일도 있다. 분명 나는 눈을 뜨고 찬양하고 있었는데도 말이다. 그러나 시간이 지나고 이 시편 말씀을 통해 깨닫게 되었다. 하나님이 창조하신 '나'라는 존재는 그 자체로 기묘하고 놀라운 작품이라는 것을!

우리는 우연히 태어난 존재가 아니다. 삼위 하나님이 서로 깊이 상의하시며 지으신 특별한 존재다. 우리는 스스로를 하찮게 여길 때가 많지만, 하나님은 우리의 작은 눈, 까만 피부, 서툰 성격까지도 다 알고 계시고, 그 모습 그대로를 사랑하신다. 그 사실을 깨닫는 순간, 열등감은 더 이상 나를 지배하지 못한다. 오히려 나는 하나님이 지으신 작품으로서, 세상에 꼭 필요한 한 사람임을 알게 된다.

일보다 복을 먼저

엘로힘 하나님에 대해 우리가 잊지 말아야 할 더 놀라운 사실이 있다. 하나님은 인간을 창조하신 뒤, 먼저 복을 주셨다는 사실이다. 그다음에야 사명을 맡기셨다. 이 순서가 참 중요하

다. 하나님은 "무언가를 성취하라"는 명령부터 내리시는 분이
아니다. 먼저 "너는 복된 존재다"라고 말씀하시고, 그다음에
야 "이제 그 복을 가지고 세상에 흘려보내라"고 말씀하신다.

대부분의 사람이 '내가 뭔가를 해내야만 가치가 있다'고
생각한다. 좋은 대학에 들어가야, 안정된 직장을 가져야, 누군
가에게 인정받아야 비로소 자신이 괜찮은 존재라고 여긴다.
하지만 성경은 그 반대의 이야기를 들려준다. 하나님은 무언
가를 하라고 재촉하시기 전에, 이미 우리를 복된 존재로 불러
주셨다. 이 사실을 알면 삶을 대하는 태도가 달라진다. 비교와
경쟁 속에서 끊임없이 자신을 증명하려 애쓰던 자리에서 벗
어나 이미 복된 존재로 살아갈 자유가 열린다.

그리고 이 복은 단지 '받는 것'으로 끝나지 않는다. 하나
님이 주신 복은 곧 사명으로 이어지고, 그 사명을 따라 살아갈
때, 그 복은 세상 속으로 흘러간다. 우리가 받은 복이 또 다른
생명을 살리는 통로가 되는 것이다. 한 번 생각해 보라. 누군
가의 따뜻한 말 한마디, 한 번의 격려, 진심 어린 도움의 손길
이 우리 삶을 얼마나 바꾸는지. 작은 친절이 다른 사람의 하루
를 살리고, 다시 그 사람이 누군가를 살리는 힘이 된다. 이것
이 바로 복이 흘러가는 방식이다. 하나님은 우리를 복의 통로

로 사용하신다. 우리 삶을 통해 하나님의 사랑과 뜻이 드러나기를 바라신다.

바울도 이 사실을 강조했다. 그는 "우리는 하나님의 작품이다. 예수 그리스도 안에서 선한 일을 위해 지어진 존재다. 그리고 이 선한 일은 하나님이 미리 준비하신 길이고, 우리는 그 길을 따라 살아가도록 부름받았다"(엡 2:10 참조)고 말했다. 결국 우리 인생은 하나님이 설계하신 작품이고, 그 작품이 드러내야 할 목적은 하나님의 영광이다.

세상은 성취와 성공을 인생의 목표로 말하지만, 하나님은 우리를 "빛을 비추는 존재"로 부르신다. 우리가 있는 자리에서 선한 영향력을 흘려보낼 때, 그 자체로 우리 삶은 가장 가치 있고 복된 삶이 된다.

산보다 크신 이름, 엘로힘

엘로힘, 강하신 하나님은 그 강함이 자신에게만 머무르게 하지 않으신다. 그분은 피곤한 자에게 힘을 주시고, 무능한 자에게 능력을 더하신다. 그분을 의지하는 자에게는 독수리처럼 높이 나는 힘을 주신다. 고난과 불안 속에서도 다시 일어날 수 있는 생명력을 공급하신다.

우리는 가끔 하나님이 창조하신 자연을 바라보다 압도당한다. 별이 쏟아지는 밤하늘, 끝없이 펼쳐진 바다, 웅장한 산맥을 마주할 때, 사람들은 본능적으로 느낀다. "와, 내가 이렇게 작은 존재라니. 그런데 이 거대한 세계를 만드신 하나님이, 바로 나의 하나님이시라니!" 아무리 큰 프레임으로도 다 담기지 않는 장엄함 앞에서, 그분의 크심에 감탄하며 자연스럽게 고백하게 된다.

삶의 현실은 언제나 순탄하지 않다. 누구나 넘어야 할 '큰 산'을 만난다. 갑작스러운 질병, 관계의 깨어짐, 끝없는 실패와 좌절 같은 산들 말이다. 그러나 바로 그 순간에 기억해야 할 이름이 있다. 엘로힘, 강하신 하나님. 천지를 창조하신 하나님, 그분의 형상으로 우리를 지으신 하나님, 결코 피곤해 하지 않으시고 무한한 지혜를 가지신 하나님, 세상의 모든 문제를 작게 만드시는 하나님이 오늘도 우리 곁에 계신다.

삶은 여전히 불안하고, 내일은 알 수 없다. 그러나 우리는 결코 허무 속에 던져진 존재가 아니다. 창조의 능력으로 우리를 붙드시는 엘로힘 하나님이 계시기 때문이다. 그리고 그분은 단순히 멀리서 지켜보시는 존재가 아니라, 우리의 일상 한 가운데서 여전히 힘을 주시는 분이다. 그러니 우리가 붙잡아야 할 고백은 단순하다. "나는 혼자가 아니다. 엘로힘 강하신 하나님이 나의 하나님이시다."

내 삶에 새겨진 하나님의 이름은,

하나님의 이름을 머리로 이해하는 단계를 넘어, 내 삶의 언어로 고백하기 위한 나눔입니다. 지금 이 순간 마주한 고민과 상황 속에 하나님의 이름이 실제적인 해답이 되고 있는지 점검하며 솔직하게 나누어 보십시오.

1. 요즘 내 마음을 가장 강하게 붙잡고 있는 불안은 무엇인가?

   (예: 경제적 결핍, 자녀의 미래, 건강 등)

2. 그 걱정 앞에서 나는 어떤 선택을 하고 있는가? 내 힘으로 대책을 세우느라 분주한가, 아니면 잠시 멈춰 하나님을 기억하는가?

3. "내 삶이 창조주 하나님의 손안에 있다"는 고백이 요즘 일상에서 얼마나 든든하게 (또는 실감 나게) 느껴지는가?

4. '모든 것을 내가 책임져야 한다'는 중압감이 가장 크게 몰려오
   는 구체적인 상황(업무 수행 중, 가족 돌봄 등)은 언제인가?

5. 하나님이 나를 만드셨음을 정말 믿는다면, 내가 그토록 부러
   워하는 타인의 삶이 아닌 '오직 나에게만 주신 하나님의 고유
   한 선물'은 무엇이라고 생각하는가?

작은 실천

○ 조급함이 밀려올 때 잠시 멈추고, 만물의 질서를 세우신 '창조주 하나
   님' 묵상하기
○ 세상의 평가로 위축될 때, "나는 하나님의 걸작품이다"라고 선포하기
○ <주 하나님 지으신 모든 세계> 찬양 부르기

El Shaddai.

Chapter 2

불가능을 가능으로 바꾸는 이름,

엘 샤다이

¹아브람이 구십구 세 때에 여호와께서 아브람에게 나타나서 그에게 이르시되 나는 전능한 하나님이라 너는 내 앞에서 행하여 완전하라

²내가 내 언약을 나와 너 사이에 두어 너를 크게 번성하게 하리라 하시니

³아브람이 엎드렸더니 하나님이 또 그에게 말씀하여 이르시되

⁴보라 내 언약이 너와 함께 있으니 너는 여러 민족의 아버지가 될지라

⁵이제 후로는 네 이름을 아브람이라 하지 아니하고 아브라함이라 하리니 이는 내가 너를 여러 민족의 아버지가 되게 함이니라

⁶내가 너로 심히 번성하게 하리니 내가 네게서 민족들이 나게 하며 왕들이 네게로부터 나오리라

⁷내가 내 언약을 나와 너 및 네 대대 후손 사이에 세워서 영원한 언약을 삼고 너와 네 후손의 하나님이 되리라

⁸내가 너와 네 후손에게 네가 거류하는 이 땅 곧 가나안 온 땅을 주어 영원한 기업이 되게 하고 나는 그들의 하나님이 되리라

하나님의 이름은,

¹아브람의 나이 아흔아홉이 되었을 때에, 주님께서 그에게 나타나셔서 말씀하셨다. "나는 전능한 하나님이다. 나에게 순종하며, 흠 없이 살아라.

² 나와 너 사이에 내가 몸소 언약을 세워서, 너를 크게 번성하게 하겠다."

³ 아브람이 얼굴을 땅에 대고 엎드려 있는데, 하나님이 그에게 말씀하셨다.

⁴ "나는 너와 언약을 세우고 약속한다. 너는 여러 민족의 조상이 될 것이다.

⁵ 내가 너를 여러 민족의 아버지로 만들었으니, 이제부터는 너의 이름이 아브람이 아니라 아브라함이다.

⁶ 내가 너를 크게 번성하게 하겠다. 너에게서 여러 민족이 나오고, 너에게서 왕들도 나올 것이다.

⁷ 내가 너와 세우는 언약은, 나와 너 사이에 맺는 것일 뿐 아니라, 너의 뒤에 오는 너의 자손과도 대대로 세우는 영원한 언약이다. 이 언약을 따라서, 나는, 너의 하나님이 될 뿐만 아니라, 뒤에 오는 너의 자손의 하나님도 될 것이다.

⁸ 네가 지금 나그네로 사는 이 가나안 땅을, 너와 네 뒤에 오는 자손에게 영원한 소유로 모두 주고, 나는 그들의 하나님이 될 것이다."

얼마 전 일흔이 넘으신 한 장로님을 만났다. 30년 동안 이어 온 사업을 더는 감당할 수 없어 문을 닫게 되었다는 이야기를 들려주셨다. 그리고 이렇게 덧붙이셨다. "목사님, 이 나이에 무엇을 새로 시작할 수 있겠습니까?"

그 목소리에는 깊은 체념이 묻어 있었다. 애써 감추려 했지만, 눈빛에는 두려움과 더는 자신을 기대하지 않는 마음이 고스란히 배어 있었다. 그 말을 들으면서 나 역시 오래도록 가슴이 먹먹했다.

누구나 자기 힘으로는 도저히 넘을 수 없는 한계 앞에 서게 된다. 숨이 턱 막히는 막다른 길을 만난 것처럼 더는 앞으로 나아갈 수 없다고 느끼는 순간이 찾아온다. 나이가 들수록 이런 경험은 낯설지 않다. 건강이 무너져 이전처럼 살 수 없음을 절감할 때, 오래 지켜 온 관계가 회복 불가능해 보일 때, 평생 쌓아 온 일이 하루아침에 무너져 내릴 때. 그 앞에서 담담할 수 있는 사람은 없다.

'이 정도면 됐지'가 부른 것

아브람의 삶에도 그런 순간이 있었다. 그는 아흔아홉 살이었고, 아내는 아흔 살이었다. 그들의 몸은 오래된 등불처럼 기름이 다해 희미해졌고, 스스로도 이제는 끝이라고 여겼다. 로마서는 그 상황을 이렇게 기록했다.

> 그가 백 세나 되어 자기 몸이 죽은 것 같고 사라의 태가 죽은 것 같음을 알고도 믿음이 약하여지지 아니하고(롬 4:19).

죽은 듯한 몸, 닫힌 태. 인간의 언어로는 분명한 '끝'이었다. 현대 의학의 눈으로 보아도 아흔아홉 살의 남성과 아흔 살의 여성이 자녀를 갖는 일은 불가능에 가깝다. 오늘날은 시험관 시술로도 생명을 품을 수 있는 시대지만, 아흔을 넘긴 여인이 아기를 낳는다는 것은 누구도 기대할 수 없는 일이다. 인간의 눈에는 길이 끊긴 상황이었다. 하나님이 약속하신 자손의 축복은 아브람과는 관계없는 먼 이야기처럼 보였다.

하나님이 아브람에게 그의 고향 갈대아 우르를 떠나라고 말씀하신 것은 아브람이 일흔다섯 살 때의 이야기다. 그때 하나님의 말씀에 순종할 수 있었던 것도 그에게 자손을 주시며 복의 근원이 되게 하겠다는 약속 때문이었다. 그로부터 24년이 지난 후였다. 긴 기다림 속에서 아브람의 마음에도 조금씩 의심이 스며들었을 것이다. '과연 내 아내가 아이를 낳을 수 있을까?'

아브람이 아흔아홉 살이 되었을 무렵, 그는 이미 자기 방식을 시도한 상태였다. 여종 하갈을 통해 이스마엘을 얻은 지 13년이 지나 있었다. 그것은 하나님의 약속을 신뢰하지 못한 채 조급하게 택한 길이었다. 그 결과 집안에는 소란과 갈등이 이어졌고, 성경은 그 13년의 시간을 침묵으로 남겨 두었다. 창세기 16장과 17장 사이에는 13년이라는 세월이 있다.

13년 동안 아브람은 이스마엘을 키우며 하나님이 주신 약속을 잊은 듯 살아갔다. 이미 태어난 아들을 바라보며 스스로를 달랬을지 모른다. 사래 역시 자신의 상태가 이미 임신이 불가능한 상태임을 알고 체념했을지도 모른다. "이 정도면 됐지. 하나님이 말씀하신 자손은 아마 이 아이일 거야." 그렇게 스스로 타협하며 살아가고 있었을 것이다.

그러나 하나님이 주신 약속은 여전히 사래의 태에서 아들을 낳게 하시겠다는 것이었다. 인간의 눈에는 터무니없고, 현실적으로는 결코 일어날 수 없는 일이었다. 인간의 계산으로는 도저히 풀 수 없는 문제였다. 하지만 바로 그 순간, 하나님은 불가능의 벽을 허무시려 했다. 인간이 '끝'이라 말하는 지점에서 하나님은 시작하신 것이다.

얼어붙은 믿음이 깨지는 순간

바로 그때, 하나님이 아브람을 찾아오셨다. 길고 긴 겨울잠 같은 시간이 끝나 갈 즈음이었다. 믿음은 얼어붙은 땅처럼 차갑게 굳어 있었고, 아브람의 마음은 '아무 일도 일어나지 않겠지'라는 체념으로 덮여 있었다. 집안에서는 이런저런 소리가 오갔지만, 그의 내면은 오히려 텅 빈 방처럼 고요했다. 그때 그 적막을 뚫고 하나님이 말씀하셨다.

여기서 우리가 두 번째로 만나게 될 하나님의 이름이 등장한다. '엘 샤다이'(El Shaddai), 전능하신 하나님이다. 하나님이 이렇게 자신의 이름을 말씀하신 것은 단순한 이름 풀이가 아니라 절망 속에 잠든 아브라함의 믿음을 흔들어 깨우는 선언이었다.

그런데 이 이름에서 한 가지 자세히 살펴볼 점이 있다. "엘"만으로도 하나님을 뜻하는데, 여기에 왜 "샤다이"가 붙었을까? 학자들에 따르면 "샤다이"는 어머니의 젖가슴이나 깊은 계곡을 품은, 높은 산에서 흘러나오는 생명수를 가리키는 단어 "샤드"에서 나왔다. 흥미로운 점은, 아브람과 사래가 자기 몸을 두고 "죽은 것 같다"고 말하던 그때, 하나님이 자신을 '엘 샤다이'로 드러내셨다는 사실이다. "죽은 것과 같은 불가능한 상황 속에서 생명수 되신 하나님이 다시 살리실 것이다"라는 의미가 담겨 있다.

그러나 이쯤에서 우리는 이렇게 묻고 싶어질지도 모른다. "하나님, 왜 굳이 지금입니까? 좀 더 젊고 가능성이 있을 때 약속을 이루셨다면 얼마나 좋았을까요?"

인간의 눈에는 더 빨리 그 약속이 이루어지는 것이 훨씬 합리적으로 보인다. 하지만 우리는 이미 이 이야기의 결론을 알고 있다. 1년 뒤, 하나님이 약속하신 아이가 태어난다는 것을. 그러나 아브람은 당연히 그 사실을 몰랐고, 하나님은 바로 이때, 불가능의 벽 앞에서 '엘 샤다이'를 드러내신 것이다. 깊은 잠에 빠진 믿음을 흔들어 깨우고, 곧 이루어질 약속을 바라보게 하시기 위해서였다. 하나님이 자신을 소개하며 하신 말씀, "엘 샤다이"는 우리가 끝이라 여기는 자리에서 새로운 시작을 여시는 선언이었다.

욥기를 떠올려 보라. 인간의 고통을 가장 깊이 다루는 그 책에서, 하나님은 무려 서른한 번이나 '엘 샤다이'로 불리신다. 구약 전체에서 마흔여덟 번 등장하는 이름이 욥기에 집중되어 있다는 것은 우연이 아니다. '엘 샤다이'는 단순한 수식어가 아니라, 고통의 심연 속에서도 여전히 살아 역사하는 하나님의 이름이다.

우리 삶에도 길이 보이지 않을 때가 많다. 사방이 막힌 미로에 갇힌 듯하고, 발버둥 칠수록 더 엉켜 가는 실타래 같을 때가 있다. 그런 상황에서도 하나님은 여전히 길이 되신다. 삶이 무너져도 새로운 길을 내시는 분, 깊은 상처와 절망에서 회복시키시는 분. 그분이 바로 엘 샤다이, 전능하신 하나님이다.

나의 끝과 하나님의 시작은 같은 자리

우리는 언제 하나님을 찾을까? 대개는 삶이 무너져 더는 버틸 수 없을 때이다. 모든 길이 막혔다고 느낄 때에야 비로소 하나님의 이름을 부른다. 그러나 그 순간 인간은 쉽게 체념하거나, 아브람처럼 다른 길, 다른 방법을 찾으려 한다. "이 길이 아니면 다른 길로 가야지." "내가 할 수 있는 방법은 이것뿐이야." 이렇게 스스로를 합리화한다.

현대인의 삶에서는 이런 합리화가 많이 일어난다. 취업이 막히면 더 많은 스펙을 쌓고, 관계가 힘들면 빠르게 정리해 버린다. 경제적으로 어려워지면 하나님에게 매달리기보다 카드 할부나 대출로 빠르게 해결책을 찾는다. 불안은 늘 '내 힘으로 길을 만들어야 한다'는 강박으로 이어진다. 그러나 하나님은 이렇게 말씀하신다. "내 앞에서 살아라. 네 방식이 아니라 내 방식으로 보아라." 아브람에게 주신 말씀도 같았다.

이 말씀을 언뜻 보면 아흔아홉 살 노인에게는 과한 요구처럼 들린다. 그러나 이것은 흠 없는 삶을 강요한 명령이 아니다. 스스로 해결하려 하지 말고, 전능한 하나님을 신뢰하며 살라는 초대였다.

하나님이 원하신 것은 아브람의 태도가 바뀌는 것이었다. 바로 '하나님 앞에서 사는 삶'을 강조하신 것이다. 이 명령은 그동안 아브람의 삶이 하나님 앞에서 사는 삶이 아니었다는 것을 전제한다. 아브람은 오랫동안 자기 힘으로 길을 만들려 했다. 약속의 아들을 기다리지 못해 하갈과 이스마엘을 낳았고, 첩 그두라를 통해 여섯 명의 자녀를 더 두었다. 하나님이 약속하신 사래의 태는 이미 닫혔다고 단정했기 때문이다.

오늘을 사는 우리에게도 같은 질문이 남는다. "불가능해 보이는 현실 앞에서 여전히 하나님의 가능성을 믿을 수 있는가?" "눈앞의 한계와 상처 속에서도 하나님이 새 일을 행하신다는 사실을 붙들 수 있는가?"

한 장면을 떠올려 보자. 한 가지 목표를 향해 열심히 노력했다. 방향도 틀리지 않았고, 성실함도 부족하지 않았다. 그런데 이상하게도 길이 열리지 않았다. 시도할수록 막혔고, 애쓸수록 제자리였다. 어느 순간, 더 밀어붙일 힘이 남아 있지 않다는 사실을 알게 되었다. 포기하고 싶어서가 아니라, 더 나아갈 길이 보이지 않았기 때문이었다. 그때 마음속에서 이런 생각이 들었다. '이제는 내 힘으로 갈 수 있는 길이 아니구나.'

아브람도 비슷했다. 자신의 방식과 열심으로 살았다. 그러나 결국 13년이라는 시간이 지나고 깨닫게 되었다. 하나님은 13년간 침묵 끝에 이렇게 말씀하셨다. "아브람아, 네 방식이 충분하다 하지 말고, 내 앞에서 살아라. 내 방식으로 성취되는 것을 보아라."

우리의 끝은 곧 하나님의 시작이다. 인간은 불가능을 말하지만, 하나님은 여전히 가능하다고 말씀하신다. 그분은 오늘도 단호하면서도 따뜻하게 우리를 초대하신다. "내 앞에서 살아라. 내가 네 길을 이끌겠다."

이름이 바뀌면 존재가 바뀐다

하나님은 아브람의 이름을 아브라함으로 바꾸셨다. '존귀한 아버지'였던 그의 이름이 '열방의 아버지'로 바뀌었다. 아직 단 한 명의 약속의 아들이 없었지만, 하나님은 이미 그를 '열방의 아버지'라 부르셨다. 사래 또한 '공주'라는 뜻의 이름에서 사라, '열방의 어머니'라는 이름을 받았다(창 17:15-16 참조). 그런데 하나님이 "내 앞에서 행하여 완전하라"는 명령 후에 주신 말씀은 새롭게 가슴이 두근거리는 도전이나 새로운 방법이 아니었다. 하나님이 아브라함을 일흔다섯 살 때에 부르셨던 그 약속의 말씀을 반복해서 말씀하고 계신 것이다.

현실은 아무것도 달라지지 않았다. 여전히 사라는 임신할 기미가 없었고, 시간은 흘러만 갔다. 그러나 하나님은 새로운 이름을 주심으로써 보이지 않는 미래를 미리 불러 내셨다. 마치 빈 병에 '향기로운 포도주'라고 이름표를 붙여 두는 것처럼, 아직 채워지지 않았지만 반드시 채워질 것을 약속하신 것이다.

이름의 변화는 단순한 호칭의 변화가 아니다. 정체성의 변화, 존재를 새롭게 규정하는 선언이다. 야곱이 '이스라엘'이라는 새 이름을 받은 순간, 그는 더 이상 속이는 자가 아니라 하나님과 겨루어 이긴 자가 되었다. 시몬이 '베드로'라 불린 순간, 그는 흔들리는 갈릴리 어부에서 반석 같은 사도로 정의

되었다. 죄인이던 우리가 예수 그리스도 안에서 '하나님의 자녀'로 불리고 '성도'라 칭함을 받는 것도 우리의 정체성이 바뀐 것이다.

특히 하나님이 이삭이 태어나기 1년 전, 바로 이 시점에 이름을 바꾸신 것에는 중요한 의미가 있다. 약속은 아브라함 개인의 위로를 넘어, 열방을 향한 하나님의 구속 계획이었음을 보여 준다. "내가 내 언약을 나와 너 및 네 대대 후손 사이에 세워서 영원한 언약을 삼고 너와 네 후손의 하나님이 되리라"고 말씀하신 것처럼, 이 언약은 아브라함 한 사람의 복에 머물지 않는다. 그의 후손을 거쳐 결국 우리에게까지 흘러온다. '자녀'요, '성도'라는 새로운 이름을 받은 우리 역시, 나만을 위해 살아가던 인생에서 열방을 향해 축복을 흘려보내는 통로로 부르심을 받았음을 기억해야 한다. 그리고 그에 걸맞게 이 세상을 살아가야 한다.

축복은 결코 멈추지 않는다. "나를 사랑하고 내 계명을 지키는 자에게는 천 대까지 은혜를 베푸느니라"(출 20:6)는 말씀이 증언하듯이. 하나님의 은혜는 한 세대에서 끊기는 작은 샘물이 아니라 세대를 건너 흘러가는 큰 강물이다. 이것이 바로 복음이다.

가정도 그렇다. 부모 한 사람이 믿음으로 서면 그 은혜는 자녀에게, 또 손주에게로 이어진다. 직장도 마찬가지다. 한 사람이 정직하게, 하나님의 사람답게 살아갈 때 그 영향력은 눈에 보이지 않게 흘러간다. 캠퍼스에서도 그렇다. 한 학생이 기도하는 마음으로 서 있을 때 친구들의 대화와 분위기까지 조금씩 바뀐다.

홀로 믿음을 붙든 한 사람, 바로 그 사람을 통해 하나님은 세대와 민족을 바꾸신다. 나의 하나님이 자녀들의 하나님이 되고, 가정과 일터와 이 땅의 하나님이 되신다. 축복은 이렇게 흘러가고 이어진다. 강물처럼 멈추지 않고, 세대를 적시며 흘러간다.

불안의 끝, 엘 샤다이의 시작

우리는 늘 선택 앞에 선다. 스스로의 힘으로 약속을 이루려 했던 아브라함처럼, 불안 속에서 자신의 방식을 고집할 것인가, 아니면 하나님의 약속을 신뢰하며 기다릴 것인가. 인간의 마음은 언제나 이 두 길 사이에서 흔들린다.

“기도해도 변하지 않으니 다른 방법이라도 써야지.” “이 정도면 됐지, 하나님도 이해하시겠지.” 이렇게 말하며 우리는 하나님의 약속을 기다리는 일을 멈춘다. 그러나 그렇게 타협해서 손에 쥔 것은 약속의 열매가 아니라, 기다림을 포기한 자리에서 만들어진 또 하나의 이스마엘일 뿐이다.

하나님의 때를 기다리지 못하고 스스로 만든 결정을 “하나님의 뜻”으로 포장하는 순간, 이미 우리는 타협의 길에 들어선 것이다. 하지만 엘 샤다이, 전능하신 하나님은 여전히 우리를 부르신다. 아브라함에게 말씀하신 것처럼, “내 앞에서 살아라. 네 방식이 아니라, 나의 방식으로 살아라” 하시면서.

결국 선택은 우리의 몫이다. 조급한 마음이 만든 결과물을 붙들 것인가, 믿음으로 기다리며 하나님의 약속을 붙들 것인가. 불안과 타협의 길 끝에서, 하나님은 오늘도 우리에게 말씀하신다. 약속의 성취는 우리의 계산 너머, 오직 하나님의 때에 이루어진다는 사실을 잊지 말라고 말이다.

내 삶에 새겨진 하나님의 이름은,

하나님의 이름을 머리로 이해하는 단계를 넘어, 내 삶의 언어로 고백하기 위한 나눔입니다. 지금 이 순간 마주한 고민과 상황 속에 하나님의 이름이 실제적인 해답이 되고 있는지 점검하며 솔직하게 나누어 보십시오.

1. 현재 내 앞을 가로막아 '더 이상 방법이 없다'고 느껴지는 막막한 '산'은 무엇인가?

2. 불가능해 보이는 상황을 만났을 때, 나는 하나님의 때를 기다리는가, 아니면 내 방식대로 서둘러 매듭지으려 하는가?

3 "나는 전능한 하나님이다"라는 선언이 지금 나에게 불가능을 이길 용기를 주는가, 아니면 여전히 현실과 동떨어진 말처럼 들리는가?

하나님의 이름은,

4. '이 정도면 됐지'라며 내 수준에서 적당히 타협하거나, 하나님
   의 약속보다 내 경험과 판단을 앞세웠던 순간은 언제인가?

5. "내 방식이 아닌 하나님의 방식으로 살라"는 음성 앞에, 지금
   내가 가장 먼저 포기해야 할 고집스러운 계획은 무엇인가?

작은 실천

○ 한계 지점이라고 느낄 때, 내 힘을 빼고 1분간 주일 말씀을 다시 떠올
  리기
○ '불확실한 미래'를 위한 '미리 감사' 적기
○ <아무것도 두려워 말라> 찬양 부르기

Jehovah

Chapter 3

흔들리는 시간 속에
변치 않는 이름,

여호와

[13] 모세가 하나님께 아뢰되 내가 이스라엘 자손에게 가서 이르기를 너희의 조상의 하나님이 나를 너희에게 보내셨다 하면 그들이 내게 묻기를 그의 이름이 무엇이냐 하리니 내가 무엇이라고 그들에게 말하리이까

[14] 하나님이 모세에게 이르시되 나는 스스로 있는 자이니라 또 이르시되 너는 이스라엘 자손에게 이같이 이르기를 스스로 있는 자가 나를 너희에게 보내셨다 하라

[15] 하나님이 또 모세에게 이르시되 너는 이스라엘 자손에게 이같이 이르기를 너희 조상의 하나님 여호와 곧 아브라함의 하나님, 이삭의 하나님, 야곱의 하나님께서 나를 너희에게 보내셨다 하라 이는 나의 영원한 이름이요 대대로 기억할 나의 칭호니라

하나님의 이름은,

¹³ 모세가 하나님께 아뢰었다. "제가 이스라엘 자손에게 가서 '너희 조상의 하나님께서 나를 너희에게 보내셨다' 하고 말하면, 그들이 저에게 '그의 이름이 무엇이냐?' 하고 물을 터인데, 제가 그들에게 무엇이라고 대답해야 합니까?"

¹⁴ 하나님이 모세에게 대답하셨다. "나는 곧 나다. 너는 이스라엘 자손에게 이르기를, '나'라고 하는 분이 너를 그들에게 보냈다고 하여라."

¹⁵ 하나님이 다시 모세에게 말씀하셨다. "너는 이스라엘 자손에게 이르기를 '여호와, 너희 조상의 하나님, 곧 아브라함의 하나님, 이삭의 하나님, 야곱의 하나님이 나를 너희에게 보내셨다' 하여라. 이것이 영원한 나의 이름이며, 이것이 바로 너희가 대대로 기억할 나의 이름이다.

어느 날, 서른여덟 살의 한 형제가 상담을 요청해 왔다. 그는 대화 중에 이렇게 털어놓았다. "저는 회사에서는 인정받지 못하고, 가정에서도 좋은 남편이 아닌 것 같아요. 그래서 때로는 제가 누구인지, 무엇을 위해 살아가는지 혼란스럽습니다." 그의 고백은 단순히 한 개인의 이야기가 아니라 오늘을 살아가는 많은 이의 마음을 대변하는 듯했다.

철학자 알랭 드 보통은 그의 책 『불안』(은행나무 역간)에서 현대인의 불행을 '지위 불안'이라 표현했다. '지위 불안'은 사회 속에서 자신의 가치와 위치를 끊임없이 의식하며 살아가는 만성적 불안을 뜻한다. 내가 만난 이 청년도 지위 불안에 시달리고 있었는지 모른다. 우리는 타인과 자신을 끊임없이 비교하고, 사회적 지위나 성공을 통해 인정받으려 한다. 그러나 그것이 충족되지 않을 때 깊은 불안과 자존감의 추락을 경험한다.

사회학자들은 지금을 '정체성의 위기 시대'라 부른다. 사람들은 직업과 성취, 관계와 소유물에서 자신의 가치를 찾는다. SNS에서는 '좋아요'의 수가, 직장에서는 성과가, 가정에서는 자기 몫의 역할을 잘 감당하는 것이 곧 자기 증명의 기준이 된다. 우리는 "나는 성공한 직장인이다", "나는 좋은 부모다", "나는 능력 있는 청년이다"라는 문장 속에 스스로를 가두며 살아간다. 그러나 나를 지탱하던 기준들이 무너지는 순간, 우리는 가장 먼저 존재의 방향을 잃고 방황하게 된다.

그렇다면 매일 분주하게 살아가는 우리에게 던져야 하는 가장 근본적인 질문은 무엇일까? 그것은 "나는 누구인가?", "나는 어떻게 살아갈 것인가?", "내가 추구하는 가치는 무엇인가?"라는, 결국 정체성과 관련된 질문일 것이다.

나는 존재한다, 그 자체로

정체성과 관련된 질문은 오늘만의 문제가 아니다. 오래전 성경 속 인물들도 같은 물음 앞에 서 있었다.

출애굽기 3장에는 한 민족과 한 사람이 겪은 깊은 혼란의 순간이 기록되어 있다. 애굽의 노예로 살아가던 이스라엘 백성은 자신이 누구인지, 어디에 속하는지조차 서서히 잊어 가고 있었다. 모세도 마찬가지였다. 왕자였던 시절은 이미 지난 기억이 되었고, 미디안 광야에서 40년을 지내며 그는 점점 자신이 누구인지, 무엇을 위해 살아야 하는지 점점 확신을 잃어 가고 있었다.

그런 모세 앞에, 어느 날 불타는 떨기나무가 나타났다. 꺼지지 않는 불꽃 속에서 하나님이 말씀하셨다. 이스라엘을 애굽에서 이끌어 내라는 명령이었다. 모세는 두려움에 떨며 물었다. "만약 사람들이 저를 보낸 이가 누구냐고 묻는다면, 제가 뭐라고 대답해야 합니까?" 그때 하나님이 마치 자신의 이름을 새긴 명패를 내밀듯 말씀하셨다. "나는 스스로 있는 자다. 스스로 있는 자가 너를 보냈다 하라."

이제 우리가 살펴볼 세 번째 하나님의 이름이 등장한다. '여호와'(Jehovah), 스스로 계시는 하나님이다. 구약에서 '여호와'라는 이름은 무려 6,823번 등장한다. 그만큼 하나님의 가장 보편적이고 근본적인 이름이다. 그러나 이 이름은 단순한 호칭 이상의 의미를 담고 있다. '여호와' 혹은 '야훼'(YHWH)라는 이름은 히브리어 동사 '하야'(hayah, 있다)에서 나왔다. 이 단어는 '존재하다', '살아 있다'를 뜻한다. 하나님은 자신을 '존재 그 자체'로 계시하셨다. 곧 하나님은 모든 존재의 근원이자, 시간과 공간의 경계를 넘어 영원히 계시는 분이다.

모든 피조물은 무언가에 의존하며 살아간다. 식물은 햇빛과 물이, 동물은 산소와 먹이가 필요하다. 인간은 관계와 인정 없이는 존재 의미를 잃는다. 하지만 하나님은 다르시다. 하나님은 그 무엇에도 의존하지 않는 분, 완전하고 독립적인 분이다. 17세기 철학자 데카르트는 "나는 생각한다, 고로 존재한다"고 말하면서 자신의 존재를 자신의 생각에 기초를 두었지만 하나님은 이렇게 말씀하신다. "나는 그냥 나다!" 하나님은 설명이 필요 없는 유일한 존재이며, 자존하시는 분이다.

어제도, 오늘도 변함없는

"나는 스스로 있는 자다"라는 선언은 현재형에만 머물지 않는다. 영어 성경은 이를 "I am who I am"(NIV)뿐 아니라 "I will be who I will be”(REV)로 번역한다. 지금도 계시지만, 앞으로도 영원히 계신다는 뜻이다. 하나님의 존재는 순간에 묶이지 않고, 시간 전체를 아우른다.

하나님은 이어서 “이것은 나의 영원한 이름이며, 대대로 기억될 나의 칭호다”라고 말씀하셨다. 하나님의 이름은 상황에 따라 바뀌지 않는다. 변치 않는 이름, 변치 않는 존재를 가리킨다. 어제나 오늘이나 동일하신 하나님, 바로 그분이 여호와시다.

성경은 곳곳에서 이 사실을 증언한다. 세상이 만들어지기 전부터 계셨던 분, 세대에서 세대로 우리의 거처가 되신 분(시 90:1-2 참조), 흔들림 없는 반석처럼 언제까지나 신뢰할 수 있는 분이다(사 26:4 참조). 인간이 안개처럼 잠시 나타났다가 흩어지는 존재라면, 하나님은 변치 않는 영원이시다.

놀라운 것은, 바로 그 영원한 하나님과 관계를 맺을 때 우리가 ‘영생’이라는 선물을 받는다는 점이다. 영생은 단순히 끝없이 오래 사는 것을 뜻하지 않는다. 영원히 존재하는 하나님과 연결되어 사는 삶이다. 예수 그리스도를 믿는 순간, 우리는 그 관계 속으로 들어가게 된다.

영생은 우리의 노력이나 성취로 얻을 수 있는 것이 아니다. 하나님이 은혜로 주시는 선물이다. 만약 영생이 유한한 존재에게서 온 것이라면, 우리는 결코 안심할 수 없을 것이다. 그러나 영원하신 하나님이 주시는 선물이기에, 그 약속은 흔들리지 않는다.

우리가 의지하는 하나님, 그 하나님의 속성을 "여호와"라는 이름에서 찾을 수 있다. 하나님은 자존하시는 분, 영원히 계시는 분, 결코 변하지 않으시는 분이다. 세상의 모든 것에는 시작과 끝이 있다. 꽃은 피어 시들고, 사람은 태어나 늙어가며, 인간이 만든 제도와 관계도 시대와 상황에 따라 변한다. 그러나 스스로 계신 하나님의 존재와 생명은 영원하다.

가장 낮은 곳에서 들려온 이름

하나님이 자신의 이름을 말씀하실 때, 한 가지 분명한 특징이 있다. 그 이름은 인간의 힘이 가장 빛나는 자리에서가 아니라, 가장 빛을 잃었을 때, 낮은 자리에서 드러났다는 것이다. 이스라엘이 애굽에서 노예로 신음하던 때, 모세가 젊음도, 권세도 잃은 채 광야에서 양 떼를 치던 때, 찬란한 왕궁이 아니라 초라한 광야의 떨기나무 앞에서 "나는 스스로 있는 자다"라는 이름이 계시되었다.

노예 상태로 있는 이스라엘 백성과 광야에서 양 떼를 치고 있던 나이든 모세와의 공통점은 무엇일까? 스스로의 존재 가치에 의문을 품고 있었다는 것이다. 이스라엘 백성은 끝없는 노동 속에서 "우리는 누구인가"라는 질문에 갇혀 있었고, 모세는 젊은 날의 권력과 열정을 모두 잃은 채 자신의 존재 의미조차 확신하지 못했다. 노예 신분과 늙은 목자의 삶, 두 모습 모두 자신을 설명할 말이 사라진 상태였다. 바로 그때 하나님은 "나는 여호와다, 스스로 있는 자다"라고 말씀하셨다.

우리는 끊임없이 남과 자신을 비교하며 살아간다. 성취와 인정에서 존재 가치를 확인하려 한다. 취업, 결혼, 사회적 성공은 누군가의 삶을 평가하는 잣대가 되고, 그 기준에 도달하지 못할 때 마음은 불안해진다. 자녀 교육, 직장에서의 지위, 노후 준비와 같은 문제 앞에서 흔들리는 순간도 많다. 은퇴 이후, 더 이상 예전과 같은 역할을 감당하지 못할 때 "나는 여전히 가치 있는 존재일까?"라는 물음이 밀려오기도 한다. 마치 정체성을 붙잡고 있던 끈이 느슨해지는 것처럼.

바로 그때 하나님은 자신을 "나는 스스로 있는 자다"라고 드러내신다. 이는 우리의 존재 가치가 사회적 성취나 타인의 인정에서 오지 않는다는 선언이다. 우리의 정체성은 스스로 존재하시는 하나님과의 관계 속에서 주어진다.

이 사실을 삶으로 증언한 이가 있다. 1927년 미국 오리건 주에서 태어난 청년 짐 엘리엇이다. 그는 복음을 한 번도 들어 보지 못한 사람들에게 복음을 전하는 것을 자신의 사명으로 확신했다. 그가 향한 곳은 남미 에콰도르 아마존의 와오라니 부족이었다. 당시 그들은 외부와 거의 접촉이 없고, 극도로 폭력적인 전통을 가진 집단으로 알려져 있었다.

1956년 1월, 짐 엘리엇과 네 명의 동료는 와오라니 부족과 접촉을 시도하다가 그들의 창에 목숨을 잃었다. 하지만 이야기는 거기서 끝나지 않았다. 2년 뒤 짐 엘리엇의 아내 엘리자베스와 그의 동료 가족들이 다시 그 땅을 찾아갔고, 결국 와오라니 부족은 복음을 받아들였다. 사람의 눈에는 비극처럼 보였던 일이 하나님의 시선 안에서는 새로운 생명의 시작이 된 것이다.

짐 엘리엇은 생전에 이렇게 고백했다. "영원을 얻기 위해 영원하지 않은 것을 버리는 자는 결코 어리석지 않다." 그의 고백은 세상의 성취나 인정이 아니라 하나님 안에서 영원한 가치를 붙든 사람만이 할 수 있는 말이었다. 그는 자신의 정체성을 흔들리지 않는 토대 위에 두었기에, 두려움 없이 생명을 내어 줄 수 있었다.

오늘 우리의 삶에서도 이 고백은 유효하다. 회사에서의 성과나 지위, 자녀의 성적이나 입시 결과가 우리의 가치를 증명하지 않는다. SNS의 '좋아요' 수나 외모 또한 존재의 무게를 말해 주지 않는다. 세상이 매긴 이런 숫자들은 환경에 따라 언제든 깎여 나갈 수 있지만, 그렇다고 해서 우리 존재의 본질까지 깎여 나가는 것은 아니다. 외부의 조건이 무너진다고 해서 하나님이 설계하신 우리의 고유한 가치가 손상될 수는 없기 때문이다. 우리의 정체성은 그 모든 외부 조건이 아니라, "스스로 있는 자"의 부르심 안에서 확인된다. 우리는 하나님의 형상으로 지음받은 존재이며, 그리스도 안에서 하나님의 자녀라 불린다. 이것이 흔들릴 수 없는 우리의 근본이다.

증명할 필요 없는 존재

교회에서 아이들에게 성경을 가르치거나 가정에서 하나님 이야기를 하다 보면, 아이들이 종종 이런 질문을 할 것이다. "하나님은 누가 만들었나요?" 그럴 때 이렇게 대답할 수 있다. "하나님은 만들어질 필요가 없는 분이란다. 언제나 계셨고, 언제나 계실 거야. 변해야만 하는 불완전한 피조물과 달리, 하나님은 이미 완전하시기에 더 좋아질 필요도, 더 나빠질 위험도 없지."

"열 길 물속은 알아도 한 길 사람 속은 모른다"는 속담처럼 사람의 마음은 좀처럼 알아내기가 힘들다. '한 길'은 보통 사람의 키 정도의 길이를 의미하는데 '열 길'이라고 하면 아주 깊은 물이다. 즉 깊은 물 속은 들여다 볼 수는 있어도 사람은 서로의 마음을 헤아리기가 무척 어렵다는 뜻이다. 친절하던 사람이 하루아침에 냉랭해지고, 가까웠던 관계가 한순간에 무너지는 일도 있다. 그러나 하나님은 환경이나 감정에 따라 달라지지 않으신다. 일정한 빛처럼 자비롭고 은혜로우며, 인자와 진실이 가득하다.

하나님이 변치 않으신다는 것은 그분의 말씀도, 그분의 사랑도 변하지 않는다는 뜻이다. 풀은 마르고 꽃은 시들어도, 하나님의 약속은 변함이 없다(사 40:8 참조). 인간은 스스로의 다짐이나 상황에 따라 마음이 바뀌지만, 하나님은 거짓말하지 않으시며 뜻을 돌이키지 않으신다.

살다보면 갑자기 삶이 흔들릴 때가 있다. 믿었던 관계가 끊어지고, 직장을 잃고, 건강마저 사라질 때가 있다. 그러나 그 순간에도 변하지 않는 사실이 있다. 하나님이 우리를 향한 마음은 언제나 동일하다는 것이다.

여기서 더 나아가 놀라운 점은, "스스로 있는 자"이신 하나님이 예수 그리스도 안에서 완전히 드러나셨다는 사실이다. 예수님은 "아브라함이 태어나기 전부터 내가 있었다"라고 말씀하시며 자신이 곧 여호와이심을 드러내셨다(요 8:58). "예수 그리스도는 어제나 오늘이나 영원토록 동일하시니라"(히 13:8)는 말씀처럼, 영원하신 하나님이 인간의 역사 속으로 들어오신 것이다.

십자가 위에서 예수께서 "다 이루었다"라고 선언하셨을 때, 우리의 정체성은 더 이상 성취와 업적에 달려 있지 않게 되었다. 우리는 이미 하나님의 자녀로 받아들여진 존재다. 그래서 더 이상 자신의 가치를 증명하기 위해 몸부림칠 필요가 없다. "스스로 있는 자"의 사랑 안에서 우리는 참된 정체성을 발견할 수 있다.

충만한 이름, 여호와

영원한 하나님이 나를 붙드시지만, 작은 파도에도 흔들리는 것이 인간의 마음이다. 나 역시 그 흔들림 앞에 서 있었던 순간이 있다.

70명의 목회자들이 한 데 모인 자리였는데, 주변에서는 이름만 들어도 알 만한 분들이 서로 인사를 나누었다. 그러다 옆에 앉은 한 목사가 자신이 목회하는 교회 사진을 나에게 보여 주었는데, 몇 천 평 규모의 교회였다. 그 순간 나도 모르게 마음이 움츠러들었다. '나는 뭐지? 내가 지금 뭐하고 있지?' 점점 흔들리는 내 모습을 보았다. 그때 입술에서 맴돈 찬양이 있었다. 바로 〈충만〉이라는 찬양이었다.

무명이어도 공허하지 않은 것은 예수 안에 난 만족함이라.
가난하여도 부족하지 않은 것은 예수 안에 오직 나는 부요함이라.

세상에서 크고 작은 이름 앞에 흔들리던 마음이, 오직 예수 안에서만 충만해진다는 찬양이다. 성공이든 실패든, 무명이든 유명이든, 그 어디에 있든지 우리는 예수로 채워질 때 부족함이 없다.

생각해 보면, 하나님은 언제나 힘 있고 당당한 순간이 아니라, 가장 초라한 순간에 찾아오셨다. 왕자의 자리를 내려놓고 광야에서 양을 치던 모세에게, 노예살이에 지쳐 울부짖던 이스라엘에게, 하나님은 스스로 계신 분, 여호와로 다가오셨다. 그 이름 안에서 존재 가치가 회복되었다.

오늘도 그 하나님은 변함없이 우리 곁에 계신다. 그리고 예수 그리스도 안에서 지금도 우리의 모든 걸음을 지키고 계신다. 그러니 더 이상 증명하려 애쓰지 않아도 된다. 이미 우리는 하나님의 사랑 안에 붙들린 존재, 이미 하나님의 자녀로 불려진 존재이기 때문이다.

나는 부족해도, 무명이어도, 흔들려도 괜찮다. 영원한 왕이 내 안에 살아계시기 때문이다. 그리고 이 고백 하나면 충분하다. "예수로 충만하다. 그것으로 족하다."

내 삶에 새겨진 하나님의 이름은,

하나님의 이름을 머리로 이해하는 단계를 넘어, 내 삶의 언어로 고백하기 위한 나눔입니다. 지금 이 순간 마주한 고민과 상황 속에 하나님의 이름이 실제적인 해답이 되고 있는지 점검하며 솔직하게 나누어 보십시오.

1. 열심히 달려왔음에도 문득 '나는 아무것도 아닌 것 같다'라는 생각에 휩싸여, 내 존재 자체가 초라해 보였던 적은 언제였는가?

2. 평소 어디에서 나의 가치를 증명하려 애쓰는가? (예: 직장에서의 성과, 자녀의 성공, 타인의 칭찬 등)

3. "나는 스스로 있는 자"라는 하나님의 이름이 무언가를 증명하며 살아야 하는 우리에게 어떤 위로를 주는가?

하나님의 이름은,

4. 내 인생에서 가장 초라하고 힘이 빠졌던 순간, 하나님을 인격적으로 만났던 떨기나무 앞의 기억이 있는가?

5. 어제나 오늘이나 영원토록 동일하신 하나님을 신뢰한다면서 현실에서는 사람들의 인정을 놓칠까 봐 불안해서 끝까지 움켜쥐고 있는 내 마음의 집착은 무엇인가?

작은 실천

○ SNS와 휴대폰을 잠시 끄고, 5분간 '단독자'로 하나님 앞에 머물기
○ 나를 증명하고 싶은 강박이 들 때, "하나님만으로 충분합니다"라고 고백하기
○ <충만> 찬양 부르기

Jehovah Jireh

Chapter 4

한 발 앞서 내 길을
준비하는 이름,

여호와 이레

1 그 일 후에 하나님이 아브라함을 시험하시려고 그를 부르시되 아브라함아 하시니 그가 이르되 내가 여기 있나이다

2 여호와께서 이르시되 네 아들 네 사랑하는 독자 이삭을 데리고 모리아 땅으로 가서 내가 네게 일러 준 한 산 거기서 그를 번제로 드리라

3 아브라함이 아침에 일찍이 일어나 나귀에 안장을 지우고 두 종과 그의 아들 이삭을 데리고 번제에 쓸 나무를 쪼개어 가지고 떠나 하나님이 자기에게 일러 주신 곳으로 가더니

4 제삼일에 아브라함이 눈을 들어 그 곳을 멀리 바라본지라

5 이에 아브라함이 종들에게 이르되 너희는 나귀와 함께 여기서 기다리라 내가 아이와 함께 저기 가서 예배하고 우리가 너희에게로 돌아오리라 하고

6 아브라함이 이에 번제 나무를 가져다가 그의 아들 이삭에게 지우고 자기는 불과 칼을 손에 들고 두 사람이 동행하더니

7 이삭이 그 아버지 아브라함에게 말하여 이르되 내 아버지여 하니 그가 이르되 내 아들아 내가 여기 있노라 이삭이 이르되 불과 나무는 있거니와 번제할 어린 양은 어디 있나이까

8 아브라함이 이르되 내 아들아 번제할 어린 양은 하나님이 자기를 위하여 친히 준비하시리라 하고 두 사람이 함께 나아가서

9 하나님이 그에게 일러 주신 곳에 이른지라 이에 아브라함이 그 곳에 제단을 쌓고 나무를 벌여 놓고 그의 아들 이삭을 결박하여 제단 나무 위에 놓고

10 손을 내밀어 칼을 잡고 그 아들을 잡으려 하니

11 여호와의 사자가 하늘에서부터 그를 불러 이르시되 아브라함아 아브라함아 하시는지라 아브라함이 이르되 내가 여기 있나이다 하매

12 사자가 이르시되 그 아이에게 네 손을 대지 말라 그에게 아무 일도 하지 말라 네가 네 아들 네 독자까지도 내게 아끼지 아니하였으니 내가 이제야 네가 하나님을 경외하는 줄을 아노라

13 아브라함이 눈을 들어 살펴본즉 한 숫양이 뒤에 있는데 뿔이 수풀에 걸려 있는지라 아브라함이 가서 그 숫양을 가져다가 아들을 대신하여 번제로 드렸더라

14 아브라함이 그 땅 이름을 여호와 이레라 하였으므로 오늘날까지 사람들이 이르기를 여호와의 산에서 준비되리라 하더라

¹ 이런 일이 있은 지 얼마 뒤에, 하나님이 아브라함을 시험해 보시려고, 그를 부르셨다. "아브라함아!" 하고 부르시니, 아브라함은 "예, 여기에 있습니다" 하고 대답하였다.

² 하나님이 말씀하셨다. "너의 아들, 네가 사랑하는 외아들 이삭을 데리고 모리아 땅으로 가거라. 내가 너에게 일러주는 산에서 그를 번제물로 바쳐라."

³ 아브라함이 다음 날 아침에 일찍이 일어나서, 나귀의 등에 안장을 얹었다. 그는 두 종과 아들 이삭에게도 길을 떠날 준비를 시켰다. 번제에 쓸 장작을 다 쪼개어 가지고서, 그는 하나님이 그에게 말씀하신 그 곳으로 길을 떠났다.

⁴ 사흘 만에 아브라함은 고개를 들어서, 멀리 그 곳을 바라볼 수 있었다.

⁵ 그는 자기 종들에게 말하였다. "내가 이 아이와 저리로 가서, 예배를 드리고 너희에게로 함께 돌아올 터이니, 그 동안 너희는 나귀와 함께 여기에서 기다리고 있거라."

⁶ 아브라함은 번제에 쓸 장작을 아들 이삭에게 지우고, 자신은 불과 칼을 챙긴 다음에, 두 사람은 함께 걸었다.

⁷ 이삭이 그의 아버지 아브라함에게 말하였다. 그가 "아버지!" 하고 부르자, 아브라함이 "얘야, 왜 그러느냐?" 하고 대답하였다.

하나님의 이름은,

이삭이 물었다. "불과 장작은 여기에 있습니다마는, 번제로 바칠 어린 양은 어디에 있습니까?"

8 아브라함이 대답하였다. "애야, 번제로 바칠 어린 양은 하나님이 손수 마련하여 주실 것이다." 두 사람이 함께 걸었다.

9 그들이, 하나님이 말씀하신 그 곳에 이르러서, 아브라함은 거기에 제단을 쌓고, 제단 위에 장작을 벌려 놓았다. 그런 다음에 제 자식 이삭을 묶어서, 제단 장작 위에 올려놓았다.

10 그는 손에 칼을 들고서, 아들을 잡으려고 하였다.

11 그때에 주님의 천사가 하늘에서 "아브라함아, 아브라함아!" 하고 그를 불렀다. 아브라함이 대답하였다. "예, 여기 있습니다."

12 천사가 말하였다. "그 아이에게 손을 대지 말아라! 그 아이에게 아무 일도 하지 말아라! 네가 너의 아들, 너의 외아들까지도 나에게 아끼지 아니하니, 네가 하나님 두려워하는 줄을 내가 이제 알았다."

13 아브라함이 고개를 들고 살펴보니, 수풀 속에 숫양 한 마리가 있는데, 그 뿔이 수풀에 걸려 있었다. 가서 그 숫양을 잡아다가, 아들 대신에 그것으로 번제를 드렸다.

14 이런 일이 있었으므로, 아브라함이 그곳 이름을 여호와이레라고 하였다. 오늘날까지도 사람들은 '주님의 산에서 준비될 것이다'는 말을 한다.

요즘 뉴스를 보다 보면 머리가 아프고 마음이 쿵 내려앉을 때가 있다. 필터 없이 들려오는 말들 중에 서로의 말을 이해하기보다 이기기 위해 던지는 말들이 더 크게 들린다. 정치도, 교회도, 사람의 마음도 조금씩 갈라지고 있다. 하나님의 뜻보다 각자의 판단이 앞서는 풍경은, 사사시대를 떠올리게 한다. 이런 장면들을 마주할 때마다 한 가지 질문이 따라온다. "이렇게 분열되고 흔들리는 시대에, 과연 믿음은 무슨 힘이 있을까?" "과연 그들이 하나님을 믿는 걸까?"

물론 현실은 가볍지 않다. 경제는 불안하고, 물가는 오르고, 오늘은 어제보다 버겁게 느껴진다. 건강을 잃은 사람, 관계가 무너진 사람, 하루를 꾸역꾸역 버티듯 살아가는 얼굴들이 자꾸 떠오른다. 그럼에도 이 와중에 눈에 띄지 않게 자리를 지키는 이들이 있다. 큰 소리로 자신을 드러내지 않지만, 보이지 않는 자리에서 누군가를 위해 기도하고, 조용히 손을 내밀고, 다시 일어설 힘을 건네는 사람들이다. 그들의 삶이야말로 어두운 세상을 밝게 해주는 눈부신 삶이다.

오랜 시간 신앙생활을 했더라도 그 신앙이 언제나 단단한 것은 아니다. 때로는 기도가 공허하게 느껴지고, 하나님이 멀게만 느껴진다. 어느 날 한 성도가 내게 물었다. "목사님, 하나님은 지금 제 삶의 어디에 계신 걸까요?" 어쩌면 우리 모두의 마음속에는 이 질문이 있는지도 모른다.

결코 오르고 싶지 않은 산 앞에서

아브라함의 이야기는 바로 그 질문에서 시작된다. 그가 모리아 산으로 향할 때, 그 길은 단순한 여행이 아니었다. 그 산은 결코 오르고 싶지 않은 산이었다. 왜냐하면 하나님은 그에게 가장 소중한 것, 그의 미래와 모든 희망을 내려놓으라고 말씀하셨다. 바로 아들을 바치라는 명령이었다.

꼭 자녀가 아니더라도 우리도 살다 보면 아브라함과 비

슷한 경험을 할 때가 있다. 나에게 가장 소중한 것을 내어 놓으라고 요구하시는 것을 느낀다. 오늘 우리도 각자의 모리아 산을 오르고 있다. 가정의 무게를 짊어진 부모, 삶의 균형을 잃고 방황하는 청년, 건강의 쇠퇴 속에서도 하루하루를 견디는 이들. 각자가 오르는 그 산의 이름은 다르지만, 그 길 위에서 느끼는 두려움과 불안은 비슷하다.

그러나 이 이야기는 단지 '시험'이나 '희생'의 이야기가 아니다. 아브라함의 여정은 무엇보다 "하나님이 어떻게 일하시는가"에 관한 이야기다. 우리를 향한 하나님의 일하심은 언제나 준비되어 있다. 그리고 그분의 이름은 여전히 이렇게 불린다. "여호와 이레(Jehovah Jireh), 준비하시는 하나님." 우리가 이번에 만나 볼 네 번째 하나님의 이름이다.

하나님은 언제나 역설 속에서 자신을 드러내신다. 요구하시는 동시에 채워주시는 분, 바로 '여호와 이레'의 하나님이시다. 창세기 22장은 그 역설의 정점을 보여준다. 본문을 천천히 읽어 가다 보면 묘한 긴장감이 흐른다. 한편으로 하나님은 아브라함에게 너무도 가혹한 명령을 내리신다. "네 아들, 네 사랑하는 독자 이삭을 번제로 바치라."

번제는 제물을 불태워 향기로 드리는 제사이다. 번제단

위에서 희생되는 짐승은 가죽을 제외한 모든 것이 불에 타고 향기(연기)만 남는다. 그러니 이 명령은 단순한 시험이 아니었다. 백세에 얻은 아들, 약속의 상징이자 웃음의 이름 '이삭'을 바치라니. 아브라함에게는 자신의 미래를, 꿈을, 모든 희망을 불 속에 올려놓으라는 말과 같았다.

심지어 이삭은 더 이상 갓난아기가 아니었다. 번제단에 올릴 나무를 스스로 짊어질 만큼 건장했다. 많은 신학자는 아마도 이삭의 나이가 청소년 정도였을 거라고 말한다. 그렇게 그 아이와 함께 보낸 14-17년의 시간이, 아브라함의 발걸음을 더욱 무겁게 했다. 그 명령은 한 아이의 아버지로서는 너무나 가혹했고, 이해하기 어려웠다. 그런데 놀랍게도, 하나님은 이미 대안을 준비하고 계셨다. 아브라함이 칼을 들어올려 내리치려 할 때, 하나님은 한 마리의 어린 양을 예비하셨다. 그것이 바로 '하나님의 방식'이었다. 모리아 산은 아브라함에게 절망의 장소였지만, 동시에 새로운 시작의 자리였다.

그곳에서 그는 하나님의 손길을 보았다. 눈물과 떨림으로 제단 위에서 만난 하나님은 '요구하시는 분'이 아니라 '미리 준비하시는 분'이었다. 아브라함은 모리아 산에서 하나님의 돌보심과 사랑의 손을 경험한 후에 그곳을 "여호와 이레", 곧

"주께서 준비하신다"라고 불렀다.

'여호와'라는 이름은 앞에서도 등장했다. 스스로 계신 분, 어떤 것에도 의지하지 않는 자존하신 하나님. 영원하고 변치 않는 하나님의 이름이 '여호와'라면, '이레'는 그분의 성품이 어떻게 우리 삶에 드러나는지를 보여주는 이름이다. '이레'는 히브리어로 '보다'에서 나온 말로, 단순히 알아차린다는 의미가 아니라 앞을 내다보고 미리 준비하신다는 뜻을 담고 있다. 그래서 영어 성경(ESV)은 이 이름을 "The Lord will provide", 곧 "주께서 준비하신다"라고 번역한다. 여기서 'provide'라는 단어 역시 의미심장하다. 이 말은 '앞을 보다'를 뜻하는 pro와 '보다'를 뜻하는 vision이 결합된 말이다. 다시 말해, 하나님은 상황이 닥친 뒤에 반응하시는 분이 아니라, 이미 앞을 보시고 필요한 것을 준비해 두시는 분이라는 뜻이다.

하나님이 우리의 미래를 이미 보고 계시기에, 우리는 안심할 수 있다. 이것이 바로 복음의 역설이다. 하나님은 때로 감당하기 어려운 것을 우리에게 요구하시지만, 그 요구를 채울 수 있도록 모든 것을 동시에 예비하신다. 아브라함은 그 역설을 시험을 통해 경험했다. 하나님은 때때로 우리도 그렇게 시험하신다.

　　"시험"하다는 표현은 창세기 전체에서 여기에만 등장한다. 하나님은 우리의 믿음과 신실함을 확인하시기 위해, 혹은 우리 마음을 단련하시기 위해 시험을 허락하신다. 그분의 목적은 결코 우리를 넘어뜨리려는 데 있지 않다. 낮추고, 깨닫게 하고, 믿음을 더 깊게 하시기 위함이다.

　　신명기 말씀에는 '시험'의 이유가 비교적 분명하게 드러난다. 하나님은 이스라엘을 광야로 내모신 분이 아니라, 광야를 통해 그들을 길러 가신 분이었다. 사십 년이라는 긴 시간 동안 하나님은 그들을 굶기기도 하셨고, 다시 먹이기도 하셨다. 길을 잃은 것처럼 보이게 두셨지만, 사실은 방향을 잃지 않도록 붙들고 계셨다. 그 시간의 목적은 하나였다. 그들의 마음이 어디를 향하고 있는지, 어려움 속에서도 하나님의 말씀을 붙들 수 있는지를 드러내기 위함이었다. 광야의 시험은 탈락자를 가려내는 시간이 아니라, 하나님과의 관계를 점검하는 시간이었다(신 8:2 참고).

사사기 말씀에 나오는 시험은 조금 다른 장면에서 등장한다. 이스라엘이 가나안 땅에 정착한 뒤에도 하나님은 모든 문제를 단번에 치워 주지 않으셨다. 여전히 불편한 이웃이 남아 있었고, 긴장을 풀 수 없는 상황이 계속되었다. 하나님은 그것을 실패로 보지 않으셨다. 오히려 그 상황을 통해 이스라엘이 말씀을 기억하는지, 편안해진 순간에도 순종을 선택하는지를 보려 하셨다. 시험은 위기를 만들기 위한 장치가 아니라, 신앙이 습관으로 굳어지지 않도록 깨우는 방식이었다(삿 3:4 참고).

시험은 누구에게나 두렵지만, 시험이 없다면 성장도 없다. 마치 운동 전 인바디를 통해 내 몸의 근육과 지방을 객관적으로 파악해야 정확한 운동 계획을 세울 수 있는 것과 같다. 아무런 평가가 없다면 보완도, 수정도 할 수 없기 때문이다. 성적이 좋은 학생에게도 점검을 위한 시험이 필요하듯, 하나님은 우리 믿음의 현주소를 확인하고 더 단단하게 세우기 위해 '시험'이라는 도구를 사용하신다.

C. S. 루이스는 "하나님이 살아 계시다면, 왜 세상에 이렇게 많은 고통이 있습니까?"라는 질문에 이렇게 답했다. "사람이란 존재는 이미 충분히 교만하다. 그런데 고통마저 없다면, 얼마나 더 교만하겠는가." 고통은 하나님이 우리를 사랑하지

않아서가 아니라, 우리를 빚어 가시기 위한 하나님의 방식이다. 아브라함에게 그 시험은, 그의 믿음을 새롭게 세우는 하나님의 손길이었다.

하나님이 묻는 단 한 가지 질문

그렇다면 하나님이 시험을 통해 아브라함에게 원하셨던 것은 무엇이었을까? "너는 나를 네 아들보다 더 사랑하느냐?" 이 질문이 바로 시험의 본질이었다. 이 시험은 사랑의 우선순위를 묻는 것이었다. 하나님은 아브라함의 아들 이삭이 아닌, 아브라함의 마음을 원하셨던 것이다.

결정적인 순간, 하나님은 아브라함을 멈추게 하신다. 더 이상 앞으로 나아가게 하지 않으셨다. 그리고 이제야 네 마음을 알겠다고, 네가 가장 소중히 여기는 것까지도 내 앞에 내려놓을 수 있는 사람이라는 것을 알겠다고 말씀하신다. 아브라함에게 이삭은 가장 높고 견고한 산이었다. 하나님은 그 산을 향해 묻고 계셨다. "너는 나를 이것보다 더 사랑하느냐?"

하나님은 우리에게도 같은 질문을 하신다. 가족보다, 성공보다, 안전보다, 하나님을 더 사랑하느냐고. 그 질문 앞에서 우리는 비로소 신앙의 깊이를 마주한다. 믿음은 하나님을 안다고 말하는 데서 끝나지 않는다. 믿음은 무엇을 더 붙들고 살아갈 것인지 선택하는 일이다. 하나님을 사랑한다는 고백은 결국, 하나님을 가장 위에 두겠다는 결단으로 드러난다.

하나님은 우리가 힘겨운 시간을 통과할 때조차, 여전히 믿음의 방향을 잃지 않고 신실하게 걸어갈 수 있는지를 보신다. 하지만 하나님은 결코 충동적으로, 기분대로 우리를 시험하지 않으신다. 그분의 방식에는 언제나 분명한 이유가 있고, 그 이유 속에는 큰 사랑이 있다. 우리가 하나님보다 더 사랑하는 무언가가 있을 때, 그분은 그 지점을 가만히 짚으신다. 때로는 그것이 너무 집요하게 느껴질 만큼, 우리가 붙잡은 것을 내려놓게 하신다.

예수님이 제자들에게 하신 말씀은, 모리아 산 위에서 아브라함이 들었던 하나님의 부르심과 닮아 있다.

무리와 제자들을 불러 이르시되 누구든지 나를 따라오려거든 자기를 부인하고 자기 십자가를 지고 나를 따를 것이니라(막 8:34).

예수님을 따른다는 것은 자신의 욕망과 계산을 앞세우는 삶이 아니라, 스스로를 내려놓는 선택에서 시작된다. 자기중심적인 삶을 부인하고, 각자에게 주어진 십자가를 지고 예수님의 뒤를 따르는 것이 진짜 제자의 길이다.

지금 이 글을 읽는 모두에게 '모리아 산'은 아마 각기 다른 이름으로 다가올 것이다. 직장에서의 성공과 가정의 헌신 사이에서, 안정된 미래와 믿음의 결단 사이에서, 하나님은 조용히 묻고 계신다. "너는 나를 네 안전보다, 네 성공보다, 네 평안보다 더 사랑하느냐?" 이 질문은 결코 꾸짖음이 아니다. 사랑으로 초대하는 부드러운 부르심이다. 그리고 이 질문 앞에서 우리는 멈춰 서야 한다. 붙잡을 것과 내려놓을 것, 믿음과 두려움의 경계에서 말이다. 아마 그곳에서부터 하나님이 미리 준비하신 길이 열리기 시작할 것이다.

보이지 않아도, 이미 준비된 길

요구하시고 또 공급하시는 하나님, 여호와 이레가 우리의 하나님이라면, 우리는 어떤 상황 속에서도, 특히 시험과 고통 앞에서 믿음으로 반응해야 한다.

아브라함은 하나님의 명령을 듣고, 이른 아침 아들 이삭과 함께 모리아 산을 향해 걸음을 옮겼다. 산을 오르던 어느 순간, 이삭이 입을 열었다. "아버지, 불과 나무는 있는데, 번제할 어린양은 어디 있나요?" 그 질문 앞에서 아브라함은 잠시 걸음을 늦췄을 것이다. 쉽게 대답할 수 없는 물음이었지만, 그는 고개를 돌려 아들을 바라보며 이렇게 말했다. "아들아, 번제할 어린 양은 하나님이 자기를 위해 친히 준비하실 것이다.

그 말은 제물이 되어야 할 아들을 위한 위로가 아니었다. 눈앞의 현실을 넘어, 하나님의 신실하심을 붙든 믿음의 고백이었다. 보이지 않지만 여전히 일하시는 하나님, 그분이 이미 준비하고 계시다는 확신이 그 짧은 대답 속에 담겨 있었다. 아브라함은 상황을 설명하지 않았고, 결과를 예측하지도 않았다. 다만 하나님이 어떤 분인지를 알고 있었을 뿐이다.

히브리서 11장 1절은 이렇게 말한다.

믿음은 바라는 것들의 실상이요, 보이지 않는 것들의 증거니.

하나님의 이름은,

히브리서는 믿음을, 아직 손에 잡히지 않은 것을 미리 붙드는 힘이라고 말한다. 눈앞에 보이는 현실이 전부인 것처럼 느껴질 때에도, 믿음은 보이지 않는 하나님의 약속을 더 실제적인 것으로 받아들인다. 시험과 위기, 고통의 한가운데서 시선이 현실에만 묶이지 않도록, 그 너머에 계신 하나님을 바라보게 한다. 두려움보다 말씀이 더 크게 들리는 순간, 믿음은 현실을 이기는 힘이 된다.

히브리서의 저자는 아브라함에 대해 이렇게 기록한다.

> 아브라함은 시험을 받을 때에 믿음으로 이삭을 드렸으니 그는 약속들을 받은 자로되 그 외아들을 드렸느니라 그에게 이미 말씀하시기를 네 자손이라 칭할 자는 이삭으로 말미암으리라 하셨으니 그가 하나님이 능히 이삭을 죽은 자 가운데서 다시 살리실 줄로 생각한지라 비유컨대 그를 죽은 자 가운데서 도로 받은 것이니라(히 11:17-19).

아브라함은 하나님의 약속을 잊지 않았다. 하늘의 별처럼, 바다의 모래처럼 자손을 주시겠다는 말씀을 기억했기에 이삭을 드리라는 명령 앞에서도 하나님을 신뢰할 수 있었다.

그의 믿음은 단지 입술의 고백이 아니었다. 아브라함은 종들에게도 "내가 아이와 함께 저기 가서 예배하고 우리가 너희에게로 돌아오리라"고 말했다. 그는 "내가 돌아오겠다"고 하지 않았다. "우리가 돌아오겠다"고 말했다. 그 짧은 한 마디에, 하나님이 반드시 길을 내실 것이라는 믿음이 담겨 있었다.

믿음은 결국, 보이는 것을 넘어 하나님을 보는 일이다. 시험 앞에서도 내 안에서 들려오는 불안의 속삭임에 귀 기울이지 않고, 염려가 마음을 삼킬 때조차 하나님의 약속을 붙드는 일이다. 여호와 이레의 하나님을 신뢰하며, 준비된 길이 있음을 믿는 것이다.

지금 삶에서 '불가능해 보이는 상황'은 무엇인가? 회복될 것 같지 않은 관계, 치유될 것 같지 않은 질병, 막막한 재정 문제의 벽일 수도 있다. 그러나 여호와 이레의 하나님은, 우리가 아직 보지 못한 그 자리에서 이미 답을 준비하고 계신 분이다.

여호와 이레가 일으키는 세 가지 변화

아브라함 이야기가 놀라운 이유는, 그것이 단순히 한 족장의 오래된 신앙담이 아니라, 미래의 더 위대한 사건을 미리 보여주는 그림자라는 데 있다. 모리아 산은 단지 시험의 장소가 아니었다. 훗날 그 자리에 예루살렘 성전이 세워졌다. 그리고 약 2,000년 뒤, 또 한 분의 아버지가 그곳 가까이에서 사랑하는 아들을 바치셨다. 이번에는 어린양이 아니라, 세상의 죄를 지신 하나님의 아들이었다.

그러나 결정적인 차이가 있다. 아브라함에게는 마지막 순간 "그 아이에게 손을 대지 말라"는 음성이 들려왔다. 하지만 갈보리 언덕에서는 어떤 음성도 없었다. 하나님 아버지는 자신의 아들이 우리를 위해 죽도록 내버려두셨다.

왜 하나님은 아들의 절규 앞에서 아무 말씀도 하지 않으셨을까? "엘리 엘리 라마 사박다니, 나의 하나님, 나의 하나님, 어찌하여 나를 버리셨나이까"(마 27:46) 그 외침에도 하나님은 침묵하셨다. 로마서 8장 32절은 그 이유를 이렇게 설명한다.

자기 아들을 아끼지 아니하시고 우리 모든 사람을 위하여 내주신 이가 어찌 그 아들과 함께 모든 것을 우리에게 주시지 아니하겠느냐.

이것이 바로 복음의 핵심이다. 하나님은 우리에게 소중한 것을 맡기라고 말씀하시지만, 동시에 우리가 끝내 감당할 수 없는 가장 귀한 것을 친히 내어 주신다. 우리는 스스로를 구원할 수 없기에, 하나님은 독생자를 보내셨고 그분을 제물로 예비하셨다. 이것이 참된 여호와 이레, 이미 예수 그리스도 안에 준비해 두신 하나님의 구원이다.

그렇다면 여호와 이레의 하나님을 믿는다는 것은, 우리 삶 속에서 어떤 변화로 이어질까? 먼저, 정체성의 회복이다. 우리는 종종 '무엇을 가졌는가, 무엇을 이루었는가'로 자신을 정의한다. 직업, 재산, 인간관계, 혹은 사회적 위치가 곧 나의 가치가 되어 버린다. 그러나 복음은 전혀 다른 말을 한다. 우리의 정체성은 "내가 무엇을 했는가"가 아니라 "하나님이 나를 위해 무엇을 하셨는가"에 있다.

아브라함이 이삭을 바치며 자신의 정체성을 잃지 않았던 이유도 여기에 있다. 그는 '이삭의 아버지'가 아니라 '하나님의 종'이었다. 이삭은 그의 사랑이었지만, 그의 존재의 근거는 아니었다. 그래서 그는 이삭을 포기할 수 있었다. 그 사랑이 하나님의 손 안에 있음을 믿었기 때문이다.

만약 우리의 정체성을 직업이나 관계, 건강, 재산 위에 세운다면 그것들이 흔들릴 때 우리도 함께 무너진다. 그러나 우리의 정체성이 하나님이 나를 위해 행하신 일, 곧 십자가 사랑에 근거할 때, 우리는 어떤 상황에서도 견고할 수 있다. 이것이 자존감이 아닌 '주(主)존감', 나의 존재가 하나님 안에 있다는 믿음이다.

여호와 이레를 믿는다는 것은 또한 우선순위를 새롭게 정리하는 일이다. 하나님은 아브라함에게 말씀하셨다. "네 아들, 네 사랑하는 독자 이삭을 번제로 바치라." 그분은 아브라함의 마음을 꿰뚫고 계셨다. 무엇이 그의 인생에서 가장 귀한지, 그가 진심으로 의지하는 것이 무엇인지를 아셨다.

예수님은 "네 보물이 있는 그곳에 네 마음도 있느니라"(마 6:21)고 말씀하셨다. 우리가 어디에 시간과 에너지를 쓰는지를 보면, 무엇을 '보물'로 여기는지를 알 수 있다. 일정표와 지출 내역을 보면, 우리의 진짜 우선순위가 고스란히 드러난다. 성공과 인정을 향한 열망이 하나님과 가족을 향한 헌신을 압도하고 있지 않은가. 편안함과 안전함을 좇는 마음이 하나님 나라를 향한 새로운 도전을 막고 있지 않은가. 익숙한 안정감이 새로운 순종의 발걸음을 가로막고 있지 않은가. 여호와 이레를 믿는 사람은 삶의 중심이 '나'에서 '하나님'으로, '나 혼자'

에서 '우리'로 옮겨간다. 그때 믿음은 방향을 바꾸고, 사랑은 다시 흘러가기 시작한다.

마지막으로, 여호와 이레의 믿음은 시선을 미래로 돌리게 한다. 아브라함은 지금의 상황을 보지 않았다. 그는 여전히 '약속하신 하나님'을 바라보았다. 믿음은 언제나 보이지 않는 것을 바라보게 한다.

오늘 우리는 너무 쉽게 '지금'에 갇혀 산다. 즉각적인 결과, 빠른 보상, 눈에 보이는 만족을 추구한다. 하지만 믿음은 다르다. 믿음은 오늘의 선택을 내일의 약속에 근거해 내리는 일이다. 그리고 그 믿음 위에 하나님은 언제나 가장 완벽한 타이밍으로 응답하신다.

준비된 사랑의 이름, 여호와 이레

신앙의 길 위에서 가장 어려운 순간은, 눈앞의 손익과 하나님의 약속이 정면으로 부딪칠 때다. 그때 우리는 무엇을 선택할까?

한 교회에서 신실하게 신앙생활을 하는 김 집사의 일화

가 있다. 그분은 대기업에서 중간관리자로 일하며 승진을 앞두고 있었다. 그때 회사에서 주요 거래처와의 계약을 위해 회계 자료를 조작하라는 지시가 내려왔다. 상사는 김 집사에게 이렇게 말했다. "이번에만 눈 감으면 승진은 확실해. 하지만 거부하면 경력에 아주 치명적일 거야."

김 집사는 깊은 고민에 빠졌다. 대학생인 두 자녀의 등록금, 노부모의 병원비, 그리고 아직 남은 대출금이 있었다. 기도할수록 마음은 무거워졌지만, 그는 결단했다. "하나님이 예비하실 것을 믿습니다."

김 집사는 지시를 거부했다. 예상대로 승진은 무산되었고, 회사 안에서는 '융통성 없는 사람'이라는 평판이 따라붙었다. 가족조차 처음에는 김 집사의 결정을 이해하지 못했다. 그러나 6개월 뒤, 그 거래처의 회계 부정이 드러나며 관련자들이 대거 사법 처리를 받게 되었다. 김 집사의 정직함 덕분에 회사는 더 큰 위기를 피할 수 있었다. 그리고 그는 준법경영팀의 책임자로 발탁되었다.

더 놀라운 일은 집안에서 일어났다. 대학생 아들은 이렇게 고백했다. "아버지가 보여 주신 신앙이 진짜 신앙이었어요. 저도 아버지가 믿는 하나님을 믿고 싶어요."

김 집사는 이렇게 간증했다. "그때 저는 단지 승진을 잃는 줄 알았지만, 하나님은 제 인생의 방향을 완전히 바꾸셨습니다. 제가 하나님에게 정직을 드렸을 때, 하나님은 더 큰 것으로 응답하셨습니다."

우리 삶에도 이런 크고 작은 '김 집사의 순간'이 있다. 직장에서의 타협, 가정에서의 정직, 재정에서의 청지기 정신, 이런 평범한 일상의 순간들이 바로 하나님이 "네가 나를 이보다 더 사랑하느냐?"라고 물으시는 자리다. 그때 믿음으로 반응하는 사람은 상황보다 크신 하나님을 경험한다.

모리아 산의 이야기는 끝이 아니라 시작이었다. 아브라함이 그 산 위에서 본 것은 단지 제물인 양이 아니었다. 그는 하나님이 미리 준비하신다는 사실을, 그 준비가 언제나 사랑에서 비롯된다는 진리를 보았다. 하나님은 아브라함의 모든 것을 요구하셨지만, 결국 아브라함이 잃은 것은 아무것도 없었다. 오히려 그는 이전보다 깊이 하나님을 만났다. 그분은 빼앗는 분이 아니라, 사랑으로 채우시는 분이라는 것을 알게 된 것이다.

오늘 우리도 각자의 산을 오르며 비슷한 질문을 품는다. 왜 지금 이 길이어야 할까, 왜 나에게 이런 일이 일어나는 걸까? 그러나 조금 시간이 흐르면, 그 길의 끝자락에서 하나님이 미리 두신 한 마리 양을 발견하게 될 것이다. 눈물로 올라간 산길이, 결국 '준비된 자리'였음을 깨닫는 순간이다.

하나님은 우리의 모든 걸 요구하실 때조차 결국 우리를 위해 일하신다. 그분의 준비는 언제나 우리의 시간보다 앞서 있다. 그리고 그 준비의 완성은 이미 예수 그리스도 안에서 이루어졌다.

그러니 이제 우리는 무엇을 더 쥐어야 할지 고민하기보다 이미 주어진 은혜 속에 살아가는 법을 배워야 한다. 눈앞의 부족함보다 보이지 않는 하나님의 준비를 믿는 법을 말이다. 모리아 산의 기억은 '준비하시는 하나님'이라는 이름으로 남는다. 삶의 가장 높은 곳에서도, 가장 낮은 자리에서도, 여호와 이레 하나님이 여전히 우리를 부르신다.

내 삶에 새겨진 하나님의 이름은,

하나님의 이름을 머리로 이해하는 단계를 넘어, 내 삶의 언어로 고백하기 위한 나눔입니다. 지금 이 순간 마주한 고민과 상황 속에 하나님의 이름이 실제적인 해답이 되고 있는지 점검하며 솔직하게 나누어 보십시오.

1. 내 삶에서 '이것만은 절대 포기할 수 없다'고 끝까지 움켜쥐고 있는 소중한 것은 무엇인가?

2. 그 소중한 것이 흔들릴 때 나의 즉각적인 반응은 어떠한가?
   (예: 극도의 불안, 잠을 못 이룸, 예민해짐, 통제하려 함)

3. 하나님이 내 길을 미리 보시고 준비하신다는 사실이 진심으로 믿어지는가, 아니면 여전히 내가 준비해야 마음이 놓이는가?

4. 하나님은 아브라함에게 "너는 나를 네 아들보다 더 사랑하느냐?"고 물으셨다. 내 삶에서 하나님보다 더 사랑하는 것은 무엇인가?

5. '하나님이 이미 예비하셨음을 믿는다면, 오늘 내가 내려놓을 수 있는 과도한 통제욕이나 집착은 무엇인가?

작은 실천

○ 미래의 일이 걱정될 때, 내 고민보다 앞서 가시는 하나님에게 '불안' 토스하기
○ 일상의 작은 채우심을 경험할 때마다 '여호와 이레 리스트' 기록하기
○ <주가 일하시네> 찬양 부르기

Jehovah Rawha

Chapter 5

깨어지고 부서진 삶을 치료하는 이름, 여호와 라파

22 모세가 홍해에서 이스라엘을 인도하매 그들이 나와서 수르 광야로 들어가서 거기서 사흘길을 걸었으나 물을 얻지 못하고

23 마라에 이르렀더니 그 곳 물이 써서 마시지 못하겠으므로 그 이름을 마라라 하였더라

24 백성이 모세에게 원망하여 이르되 우리가 무엇을 마실까 하매

25 모세가 여호와께 부르짖었더니 여호와께서 그에게 한 나무를 가리키시니 그가 물에 던지니 물이 달게 되었더라 거기서 여호와께서 그들을 위하여 법도와 율례를 정하시고 그들을 시험하실새

26 이르시되 너희가 너희 하나님 나 여호와의 말을 들어 순종하고 내가 보기에 의를 행하며 내 계명에 귀를 기울이며 내 모든 규례를 지키면 내가 애굽 사람에게 내린 모든 질병 중 하나도 너희에게 내리지 아니하리니 나는 너희를 치료하는 여호와임이라

27 그들이 엘림에 이르니 거기에 물 샘 열둘과 종려나무 일흔 그루가 있는지라 거기서 그들이 그 물 곁에 장막을 치니라

하나님의 이름은,

22 모세는 이스라엘을 홍해에서 인도하여 내어, 수르 광야로 들어갔다. 그들은 사흘 동안 걸어서 광야로 들어갔으나, 물을 찾지 못하였다.

23 마침내 그들이 마라에 이르렀는데, 그 곳의 물이 써서 마실 수 없었으므로, 그 곳의 이름을 마라라고 하였다.

24 이스라엘 백성은 모세에게 "우리가 무엇을 마신단 말입니까?" 하고 불평하였다.

25 모세가 주님께 부르짖으니, 주님께서 그에게 나무 한 그루를 보여 주셨다. 그가 그 나뭇가지를 꺾어서 물에 던지니, 그 물이 단물로 변하였다. 주님께서 그들에게 법도와 율례를 정하여 주시고, 그들을 시험하신 곳이 바로 이 곳이다.

26 주님께서 말씀하셨다. "너희가, 주 너희 하나님인 나의 말을 잘 듣고, 내가 보기에 옳은 일을 하며, 나의 명령에 순종하고, 나의 규례를 모두 지키면, 내가 이집트 사람에게 내린 어떤 질병도 너희에게는 내리지 않을 것이다. 나는 주 곧 너희를 치료하는 하나님이다."

27 그들이 엘림에 이르렀다. 거기에는 샘이 열두 곳이나 있고, 종려나무가 일흔 그루나 있었다. 그들은 그곳 물가에 진을 쳤다.

2023년 한국갤럽 조사에 따르면, 한국인의 종교 인구는 해마다 줄고 있다. 특히 2030세대의 종교 이탈이 두드러진다. 많은 이가 교회 내부의 리더십 문제와 세대 간의 단절, 그리고 공동체의 분열을 경험하며 교회를 떠나고 있다. 특히 그 바탕에는 삶에서 마주하는 '고통의 문제'가 깊게 자리 잡고 있다. 이 지점에서 가장 자주 등장하는 질문이 있다. "하나님이 계시다면, 왜 세상에 이렇게 고통이 많은가?" "신앙생활을 열심히 하는데도 왜 내 삶은 나아지지 않는가?"

얼마 전에 만난 한 성도가 내게 이런 말을 했다. "목사님, 솔직히 말씀드리면요. 예수님을 믿고 나서 잘된 일보다 힘든 일이 더 많아요. 믿음이 있으면 인생이 조금은 편해질 줄 알았는데, 오히려 더 많은 시련이 생기는 것 같아요. 이게 정말 맞

하나님의 이름은,

는 걸까요?" 그의 말은 한 사람의 하소연이 아니라 수많은 성도가 마음속에 품고 있는 솔직한 질문이다.

신앙을 붙들고 사는 것이 왜 때로 더 고통스러울까? 우리는 흔히 "예수 믿으면 잘된다", "예수 믿으면 복을 받는다"고 배워왔다. 그러나 현실은 그렇게 단순하지 않다. 예수를 믿어도 여전히 질병으로 고통받고, 관계가 어그러지고, 삶은 여전히 막막하다. 때로는 믿음을 갖기 전보다 많은 시험이 몰려오기도 한다. 신앙이란 결국 '고통이 없는 삶'이 아니라, '고통 속에서도 흔들리지 않는 믿음'을 배우는 길이다.

그래서인지 오늘의 사회는 그 어느 때보다 '치유'를 갈망한다. 현대인들은 각자가 맞닥뜨린 문제를 해결하기 위해 유튜브와 자기 계발서에 몰두하며 치열하게 애쓴다. 대도시의 일상은 그 자체로 고통이다. 지옥철 안에서 가방을 품에 안고 내 의지와 상관없이 이리저리 휩쓸리다 보면 금세 녹초가 된다. 에스컬레이터를 타고 올라가는 그 짧은 순간조차 피곤함이 밀려온다. 이런 사소한 일상들이 쌓여 마음을 소진시키고, 사람들과의 관계를 끊어 놓으며, 결국 영적인 공허함만 남게 되는 것이다.

세계보건기구(WHO)에 따르면, 우울증은 전 세계 장애 원인 1위이고, 한국의 자살률은 여전히 OECD 국가 중 상위권을 차지하고 있다. 건강한 몸을 위해 많은 노력을 하지만, 정작 정신과 마음의 건강은 점점 쇠약해지고 있다.

2022년 헬스케어 산업 보고서에 따르면 코로나19 이후 정신 건강 관련 시장은 해마다 15퍼센트 이상 성장하고 있다고 한다. 자기 계발서, 명상 앱, 심리 상담 서비스 등 여러 가지 치유 방법이 생겨나고 사람들은 그 어느 때보다도 치유를 갈망한다.

쓴 물 앞에 선 신앙

사실 이 갈망은 새로운 것이 아니다. 성경은 이미 오래전, 같은 이야기를 해 왔다. 출애굽기 15장에는 모세와 미리암이 하나님을 찬양하는 장면이 나온다.

> 너희는 여호와를 찬송하라. 그는 높고 영화로우시며, 말과 그 탄 자를 바다에 던지셨음이로다(출 15:21).

하나님의 이름은,

이스라엘 백성은 홍해를 건너며 놀라운 구원을 경험했다. 뒤에서는 애굽의 군대가 쫓아오고, 앞에는 바다가 가로막힌 절망의 순간이었다. 그런데 그 바다가 갈라졌고, 그들은 마른 땅을 밟으며 건너왔다. 누구도 상상하지 못했던 방식의 구원이 눈앞에서 펼쳐졌다. 수백 년의 종살이가 끝나고, 드디어 자유인이 되었다. 그들은 소고를 치며 노래했다. "하나님이 승리하셨다! 우리를 구원하셨다!"

그러나 그 기쁨은 오래가지 않았다. 바다를 건넌 뒤 그들을 기다리고 있던 것은 젖과 꿀이 흐르는 땅이 아니라 끝이 보이지 않는 광야였다. 사흘 만에 도착한 곳의 이름은 '마라'(Marah)였는데 히브리어로 '쓰다', '고통'이라는 뜻이다. 그곳에서 간절히 찾던 물을 드디어 만났으나, 기쁨은 잠시였다. 타는 목마름을 안고 들이킨 그 물은 도저히 삼킬 수 없을 만큼 써서, 차라리 고통에 가까웠다. 찬양의 입술이 금세 원망으로 바뀌었다. "이게 도대체 뭐지? 하나님이 정말 우리와 함께하신 게 맞나?" 홍해의 반대편은 약속의 완성이 아니라 믿음이 다시 시험받는 자리였다. 이스라엘이 가야 할 목적지는 가나안이었지만, 그 약속의 땅에 이르기 위해서는 반드시 광야를 지나야 했다.

우리의 신앙도 이와 다르지 않다. 예수 그리스도를 영접하고 구원을 경험한 순간은 신앙의 완성이 아니라, 진짜 여정이 시작되는 지점이다. 하나님의 자녀에게는 분명 천국이 약속되어 있지만, 그 약속에 이르기까지 우리는 광야의 길을 걷는다. 성도가 통과하는 광야는 믿음이 없는 상태에서 겪는 길이 아니라 이미 구원받은 이후에 걷게 되는 길이다. 그래서 광야는 실패의 증거가 아니라, 구원 이후에 이어지는 삶의 현장이다.

나는 제자훈련을 마친 청년들에게 종종 이렇게 말하곤 한다. "이제부터가 진짜 제자훈련이야." 훈련을 통해 형성된 경건의 습관은 좋은 출발점이다. 그러나 그 신앙의 진위는 훈련이라는 울타리를 벗어난 현실에서 판가름 난다. 습관을 넘어 삶이 되는 과정, 바로 그때부터가 진짜 제자의 길이다. 성경을 배우고, 기도하고, 찬양하며 뜨겁게 예배하는 그 시간은 준비에 불과하다. 진짜 훈련은 삶의 광야에서, 믿음이 현실을 만날 때 시작된다.

성경은 구원의 경험을 두 가지로 비유한다. 하나는 '출생', 다른 하나는 '결혼'이다. 둘 다 공통적으로 이렇게 말한다. "지금부터 시작이야." 태어난 아기는 이제 세상을 배워야 하고,

결혼한 부부는 이제 서로를 살아 내야 한다. 신앙의 여정에서 많은 성도가 처음에는 뜨거운 열정과 기쁨을 맛보지만, 이내 척박한 삶의 현장 앞에서 깊은 실망과 회의를 마주한다. 구원의 감격은 가슴에 남았을지라도, 매일 마주하는 일상은 여전히 쓰디쓴 현실의 맛으로 가득하기 때문이다.

이스라엘 백성은 홍해를 건너고, 모세의 노래를 부르며 열정적으로 찬양했다. 그러나 사흘 만에 그들은 목이 말랐다. 드디어 물을 발견했지만, 그것은 '쓴 물'이었다. 마실 수도, 삼킬 수도 없는 물. 그들의 감격은 금세 불평으로 바뀌었다. "이게 무슨 일이냐, 우리가 무엇을 마시겠는가?"

이 장면은 우리 신앙의 축소판이다. 많은 사람이 신앙의 초기에 뜨겁게 예배하고, 감격 속에 눈물을 흘리지만, 시간이 지나면 현실의 벽 앞에서 열정은 식고, 의심은 깊어진다. '구원받았는데, 왜 여전히 삶은 이렇게 고단할까?' 그 이유는 단순하다. 광야는 구원 이후의 필수 코스이기 때문이다.

구원받은 이후에도 우리는 여전히 '쓴맛 나는 세상'을 살아간다. 관계의 갈등, 불안, 중독, 우울, 분노, 상처가 사라지지 않는다. 죄로 인해 깨어진 세상은 여전히 우리를 힘겹게 만든다. 육체도, 감정도, 사회도, 영혼도 죄의 흔적 아래 놓여 있다.

이 광야의 길에서, 인간은 스스로 자신을 치유할 능력이 없다.

이스라엘이 마라의 쓴 물을 마실 수 없었던 것처럼, 우리 역시 죄로 인한 상처와 공허함을 스스로 달게 만들 수 없다. 그 어떤 지식이나 노력, 심리적 위로나 성공도 이 쓴맛을 완전히 없애지 못한다. 그래서 우리에게는 치료의 하나님, '여호와 라파'(Jehovah Rapha)가 필요하다. 우리의 광야는 그분 없이는 건널 수 없는 길이기 때문이다.

우리가 살펴볼 다섯 번째 하나님의 이름, 여호와 라파, 치료하시는 하나님은 단지 육체의 치유가 아니라, 마음과 영혼, 그리고 관계의 회복을 약속하는 이름이다. 깨어지고 부서진 삶을 치료하시고 다시 세우시는 이름이다. 이제 우리는 이 질문을 던져야 한다. '하나님은 어떻게 우리를 치유하시는가?' 그리고 '우리는 그 치유의 하나님을 어떻게 만날 수 있을까?'

쓴 물을 단 물로 바꾸는 하나님의 방식

하나님이 자신을 '치료의 하나님'으로 드러내신 방식은 참으로 특별하다. 그분은 이스라엘 백성에게 마라의 쓴 물을 피해

다른 곳으로 가라고 하지 않으셨다. 대신 그 쓴 물 한가운데에 한 나무를 던져 그것을 달게 하셨다.

이 사건은 하나님의 치유 방식에 대한 깊은 통찰을 전해 준다. 하나님은 언제나 우리의 고통을 피하기보다 그 고통 속으로 들어오셔서 변화시키신다. 이것이 바로 복음의 본질이다. 예수 그리스도께서 오신 목적도 고통을 단숨에 없애기 위함이 아니었다. 그분은 인간의 고통 속으로 직접 들어오시기 위해 오셨고, 십자가 위에서 인류 역사상 가장 깊은 고통을 친히 겪으셨다. 그 고통을 통해 우리에게 치유와 구원을 가져오신 것이다.

하나님은 마라의 쓴 물을 '나무'를 통해 달게 하셨다. 그 나무는 단순한 물리적 도구가 아니라 성경 전체를 꿰뚫는 상징이다. 성경은 이 짧은 사건 안에, 하나님이 일하시는 오래된 방식을 숨겨 두었다. 하나님은 종종 아주 평범한 것을 통해, 가장 결정적인 일을 이루신다. 눈에 보이는 것은 나무 한 그루였지만, 그 안에는 더 깊은 뜻이 담겨 있었다.

신약의 저자들은 예수님의 십자가를 떠올릴 때, 그것을 '나무'라 불렀다. 죄 없으신 분이 나무에 달려 몸을 내어 주셨고, 그 자리에서 인류가 감당해야 할 죄와 저주의 무게를 대신 짊어지셨다고 고백했다(벧전 2:24; 갈 3:13 참조). 십자가는 단순한 처형 도구가 아니라, 하나님이 예비하신 구원의 나무였다.

그래서 마라의 나무는 십자가의 그림자처럼 보인다. 이스라엘이 마셔야 했던 쓴 물을 나무가 대신 바꾸어 놓았듯, 예수님은 우리가 마셔야 할 인생의 모든 쓴맛을 대신 마시셨다. 광야의 마라는 골고다로 이어지고, 마라의 나무는 십자가로 이어진다.

겟세마네 동산에서 예수님은 인류의 모든 죄가 담긴 고난의 잔을 앞에 두고 기도하셨다.

그 잔은 죄와 고통, 버림과 심판의 쓴맛이 모두 담긴 잔이었다. 가능하다면 피하고 싶었지만, 그분은 끝내 그 잔을 내려놓지 않으셨다. 우리가 마셔야 할 쓴 잔을, 그분이 대신 마시기로 선택하셨기 때문이다.

그 선택으로 인해 놀라운 일이 일어났다. 상처 입은 인생에 치유가 시작되었고, 깨어진 관계에 회복의 길이 열렸다. 채

찍과 찔림, 고통과 죽음의 자리에서 오히려 평안과 생명이 흘러나왔다. 예수님은 그 잔을 끝까지 마심으로써, 우리가 생명의 물을 마실 수 있도록 하셨다.

이것이 여호와 라파, 치료하시는 하나님의 방식이다. 그분은 우리의 상처를 외면하지 않으신다. 오히려 그리스도 안에서 우리의 상처를 직접 짊어지시고, 그 고통을 통로 삼아 새로운 생명을 흘려보내신다. 하나님은 우리의 아픔을 제거하는 분이 아니라, 그 아픔 속으로 들어오셔서 변화를 일으키시는 분이다.

그리고 여기서 우리가 주목해야 할 것이 있다. 하나님의 치유는 단지 아픈 증상을 고치는 일이 아니라 깨어진 관계를 다시 잇는 일이라는 사실이다. 하나님은 우리 삶의 고장을 하나씩 수리하는 분이기보다 우리를 다시 그분의 품으로 데려가시는 분이다. 그래서 여호와 라파의 치유에는 언제나 관계의 회복이 함께 따라온다. 광야를 걷는 동안에도 하나님은 우리의 연약함을 외면하지 않으신다. 지치고 흔들리는 마음을 아시고, 변함없이 말씀하신다. "나는 너를 치료하는 하나님이다. 너는 내 것이다." 그 음성은 이렇게 이어진다. "두려워하지 말라 내가 너를 구속하였고 내가 너를 지명하여 불렀나니 너는 내 것이라"(사 43:1). 하나님은 우리를 익명의 존재로 대하지 않으신다. 상처 입은 상태 그대로의 우리를 불러 세우시고, 다시 소속을 확인해 주신다. "너는 내 것이라." 이것이 회복의 시작이다.

우리는 불과 같은 삶의 고통 가운데로 지나더라도 타지 않을 것이고, 슬픔의 강을 건널 때에도 침몰하지 않을 것이다. 왜냐하면, 치료의 하나님 여호와 라파가 오늘도 우리 곁에서 함께하시며, 우리의 아픈 상처를 싸매고, 다시 일으켜 세우시기 때문이다.

광야를 통과하는 유일한 길, 부르짖음

광야의 길에서 우리의 고통과 현실을 변화시키시는 하나님을 믿는 자라면, 마땅히 선택해야 할 태도가 있다. 그것은 참고 견디는 침묵이 아니라, 하나님을 향해 부르짖는 기도다.

마라의 쓴 물 앞에서 이스라엘 백성은 원망하며 소리를 높였다. 그러나 모세는 달랐다. 그는 사람들 사이에서 답을 찾지 않았다. 상황을 분석하거나 변명하지도 않았다. 대신 그 자

하나님의 이름은,

리에서 하나님에게로 향했다. 말이 막히고 길이 보이지 않을 때, 그는 있는 그대로 하나님 앞에 부르짖었다. 그러자 하나님은 모세에게 한 나무를 가리켜 보이셨고, 그 나무가 물에 던져졌을 때 쓴 물은 달라졌다. 상황은 여전히 마라의 광야였지만, 하나님의 개입으로 그곳은 더 이상 고통의 자리가 아니게 되었다. 내 힘으로 바꿀 수 없는 현실을 하나님의 방법으로 직면하게 하신 것이다.

여기서 '부르짖는다'는 것은 단정한 언어로 정리된 기도가 아니다. 마음속에 쌓인 두려움과 분노, 답답함을 숨기지 않고 쏟아 내는 것이다. 울음 섞인 고백이고, 도무지 길을 몰라 멈춰 선 사람의 외침이다. 모세의 기도는 조용한 묵상이 아니라 하나님 외에는 붙들 곳이 없다는 사실을 인정하는 절박한 선택이었다.

어떤 이는 부르짖는 기도를 체면이 서지 않는 기도로 여긴다. 그러나 진짜 신앙은 감정의 단정함보다 하나님에게 의지하는 절박함에서 드러난다. 힘들다고 말하면서도 끝내 기도하지 않는다면, 그것은 하나님에게 마음을 열지 못한 상태일지도 모른다. 부르짖는 기도는 지금의 형편을 하나님에게 온전히 맡기며, 그분의 손길이 내 삶 속에서 역사하시기를 간절히 구하는 믿음의 행동이다.

아이가 배고프고 힘들 때 울지 않는다면, 그것은 성숙한 아이라서가 아니라, 부모와의 관계에 문제가 있거나 아픈 아이라서 그렇다. 하나님 앞에서도 마찬가지다.

너는 내게 부르짖으라. 내가 네게 응답하겠고, 네가 알지 못하는 크고 은밀한 일을 네게 보이리라(렘 33:3).

하나님은 우리가 부르짖어 기도할 때, 감춰진 지혜와 길을 보여 주신다. 기도는 하늘의 문을 여는 열쇠이며, 부르짖음은 그 문을 두드리는 손이다. 광야에서 길을 잃을 때, 우리가 해야 할 일은 계산이 아니라 부르짖음이다. '긴급 기도 333'으로 예레미야 33장 3절을 기억하라. 삶의 경보음이 울릴 때, 우리가 가장 먼저 해야 할 일은 스스로 해결책을 찾는 것이 아니라 하나님에게 부르짖는 일이다. 그분은 우리가 알지 못하는 길을 이미 알고 계시고, 가장 필요한 순간에 응답하신다.

사람들은 흔히 신을 멀고 높은 곳에 계신 엄격한 존재로 생각한다. 하지만 다윗은 "내가 환난 중에서 여호와께 부르짖었더니, 그가 그의 성전에서 내 소리를 들으셨도다"(시 18:6)라고 고백한다. 이 고백처럼 하나님은 멀리 계신 분이 아니다. 그분은 우리의 부르짖음을 들으시며, 가장 가까이에서 응답하시는 분이다. 하나님이 이스라엘의 부르짖음을 들으시고 출애굽의 구원을 시작하신 것도 바로 그 때문이다.

하나님의 구원은 언제나 공동체의 기도, 집단적 부르짖음으로부터 시작된다. 교회가, 가정이, 공동체가 함께 울부짖을 때, 하나님의 구원이 시작된다. 불의한 재판관의 비유를 통해, 하나님은 밤낮 부르짖는 성도의 기도에 반드시 응답하신나고 약속하신다(눅 18:7 참조).

이 간절한 부르짖음은 우리만의 몫이 아니다. 예수님조차 "육체에 계실 때에 자기를 죽음에서 능히 구원하실 이에게 심한 통곡과 눈물로 간구와 소원을 올[리셨다]"(히 5:7). 이처럼 예수님이 직접 보여 주신 눈물 어린 기도는, 오늘 우리가 고통 속에서 울며 기도할 수 있는 가장 확실한 근거가 된다. 그러니 우리의 기도에는 핑계가 필요 없다. 이유도 체면도, 믿음 앞에서는 의미가 없다.

우리가 이토록 간절히 부르짖을 수 있는 또 한 가지 이유는 '기도하라'는 명령이나 '예수님의 모범'에 앞서 우리의 연약함을 누구보다 잘 아시고, 곁에서 도우며 치료하시는 대제사장 예수 그리스도가 계시기 때문이다. 우리의 대제사장이신 그분은 우리의 연약함을 외면하거나 동정 못 하실 분이 아니다. 오히려 모든 일에 우리와 똑같이 시험을 받으셨기에 우리의 아픔을 깊이 공감하신다(히 4:15 참조). 단지 죄가 없으실 뿐, 인간이 겪는 모든 고통을 몸소 겪으신 분이 곁에 계시기에 우리는 주저하지 않고 담대히 은혜의 보좌 앞으로 나아갈 수 있다.

그러므로 혹시 지금 광야와 같은 삶의 길에서 방황하고 있다면, 그것은 어쩌면 하나님에게 충분히 부르짖지 않았기 때문인지도 모른다. 지금은 주저앉아 있을 때가 아니라 바로 부르짖어야 할 때다. 나 개인의 삶을 넘어 나라와 가정, 그리고 다음 세대를 위해 우리는 함께 울부짖어야 한다. 하나님의 교회가 이 세상 속에서 그분의 뜻을 온전히 감당하며 쓰임받을 수 있도록, 기도의 끈을 놓지 말아야 한다.

그렇다면 지금 우리가 마주한 인생의 '마라의 쓴 물'은 무엇인가. 남부러울 것 없이 성공했음에도 문득 찾아오는 공허함, 가장 편안해야 할 가정 안에서의 외로움, 물질적인 풍요 뒤에 가려진 영적인 메마름일지도 모른다. 때로는 기대와 어긋나는 자녀와의 관계, 갑작스럽게 무너진 건강, 사랑하는 이를 떠나보낸 상실감이나 지난 세월에 대한 깊은 아쉬움이 우리를 괴롭히기도 한다.

어떤 종류의 쓴 물일지라도 분명한 사실은, 하나님이 바로 그 고통의 현장으로 찾아오셔서 쓴 물을 단물로 변화시키신다는 점이다. 그러니 오늘, 참지 말고 눈물로 부르짖어야 한다. 그 간절한 부르짖음이 하늘에 닿을 때, 치료의 하나님 '여호와 라파'께서 우리의 고단한 삶을 새롭게 하실 것이다.

엘림에 이르게 하신 이름, 여호와 라파

죄로 인한 인간의 타락은 육체와 관계, 사회와 영적 영역에 이르기까지 삶의 모든 구석에 침투했다. 맑은 물에 떨어진 잉크 한 방울이 수면 위에만 머물지 않고 물 전체를 오염시키듯, 죄는 우리 삶의 전 영역에 영향을 끼쳤다. 스스로를 치유할 능력이 없는 우리는 죄로 오염된 만물 속에서 갈등하며, 결국 찬양보다 불평을 쏟아 내는 광야의 삶을 반복한다. 이스라엘 백성이 마라의 쓴 물을 앞에 두고도 이를 달게 만들 방법을 몰라 절망했던 것처럼, 우리 역시 삶의 쓴맛을 해결할 길을 찾지 못한 채 답답한 현실을 살아갈 뿐이다.

인생의 쓴 물을 마주할 때 우리가 기억해야 할 사실이 있다. 하나님은 우리를 마라에 머물게 하시는 분이 아니라, 결국 '엘림'으로 인도하시는 분이라는 사실이다. 엘림은 단순한 오아시스가 아니다. 엘림은 메마른 광야에서도 당신의 백성을 넉넉히 품어 안으시는 하나님의 풍성한 공급이 실현되는 자리다. 그곳에는 목마름을 달래 줄 열두 개의 샘물이 솟고, 고단한 몸을 뉘일 일흔 그루의 종려나무가 자라고 있다. 광야 한가운데서 만나는 가장 완벽한 쉼터인 셈이다.

흥미로운 점은 마라에서 엘림까지의 거리가 고작 10킬로미터 남짓, 성인 걸음으로 하루면 닿을 수 있는 곳이었다는 사실이다. 하지만 당장의 갈증에 매몰된 이스라엘 백성의 눈에는 그 가까운 엘림이 보이지 않았다. 보이지 않는다는 이유로 그들은 마라에서 좌절하고 원망했지만, 엘림은 변함없이 그들을 기다리고 있었다. 우리 삶도 지금 당장 마라의 쓴 물 앞에서 절망하고 있을지라도, 하나님은 이미 우리 발걸음이 닿을 곳에 엘림을 준비해 두셨다. 우리가 보이지 않는다고 불평하는 순간에도 그분의 선한 계획은 단 한순간도 멈춘 적이 없다.

치료하시는 하나님, '여호와 라파'는 우리의 고통 속으로 들어와 쓴 물을 변화시키실 뿐 아니라, 마침내 우리를 엘림의 안식으로 이끄신다. 그러니 쓴 물 같은 하루 속에서도 고개를 떨굴 필요가 없다. 그분은 여전히 "나는 너희를 치료하는 여호와라" 말씀하시며 우리 곁을 지키신다. 버거운 하루 속에서도 하나님은 이미 우리를 위한 엘림을 준비하고 계신다. 우리의 광야 끝에도, 그분의 샘물과 종려나무가 기다리고 있다.

내 삶에 새겨진 하나님의 이름은,

하나님의 이름을 머리로 이해하는 단계를 넘어, 내 삶의 언어로 고백하기 위한 나눔입니다. 지금 이 순간 마주한 고민과 상황 속에 하나님의 이름이 실제적인 해답이 되고 있는지 점검하며 솔직하게 나누어 보십시오.

1. 현재 내 삶에서 도저히 삼키기 힘든 '쓴 물'과 같은 고통(상처받은 말, 회복되지 않는 관계 등)은 무엇인가?

2. 고통스러운 상황을 마주할 때, 나는 혼자 삭이며 견디는가, 아니면 하나님에게 적극적으로 나아가 부르짖는가?

3. '광야는 구원 이후의 필수 코스'라는 말이 지금 내가 겪는 고난을 해석하는 데 어떤 단서가 되는가?

하나님의 이름은,

4. 상황은 그대로였지만, 하나님을 만남으로 인해 그 상황을 바라보는 내 마음의 눈이 완전히 달라졌던 경험이 있는가?

5. 치료하시는 하나님 앞에 오늘 내가 가장 먼저 고쳐 달라고 내놓아야 할 숨은 상처나 아픔은 무엇인가?

작은 실천

○ 부정적인 감정이 들 때, 숨기지 않고 하나님께 솔직하게 털어놓기
○ 꼬인 관계가 있다면 억지로 풀기보다 하나님의 '회복'을 믿고 기다리기
○ <예수 예수(슬픈 마음 있는 자)> 찬양 부르기

Jehovah Nissi.

Chapter 6

한계를 돌파하여
승리하게 하는 이름,

여호와 닛시

⁸ 그때에 아말렉이 와서 이스라엘과 르비딤에서 싸우니라

⁹ 모세가 여호수아에게 이르되 우리를 위하여 사람들을 택하여 나가서 아말렉과 싸우라 내일 내가 하나님의 지팡이를 손에 잡고 산 꼭대기에 서리라

¹⁰ 여호수아가 모세의 말대로 행하여 아말렉과 싸우고 모세와 아론과 훌은 산 꼭대기에 올라가서

¹¹ 모세가 손을 들면 이스라엘이 이기고 손을 내리면 아말렉이 이기더니

¹² 모세의 팔이 피곤하매 그들이 돌을 가져다가 모세의 아래에 놓아 그가 그 위에 앉게 하고 아론과 훌이 한 사람은 이쪽에서, 한 사람은 저쪽에서 모세의 손을 붙들어 올렸더니 그 손이 해가 지도록 내려오지 아니한지라

¹³ 여호수아가 칼날로 아말렉과 그 백성을 쳐서 무찌르니라

¹⁴ 여호와께서 모세에게 이르시되 이것을 책에 기록하여 기념하게 하고 여호수아의 귀에 외워 들리라 내가 아말렉을 없이하여 천하에서 기억도 못 하게 하리라

¹⁵ 모세가 제단을 쌓고 그 이름을 여호와 닛시라 하고

¹⁶ 이르되 여호와께서 맹세하시기를 여호와가 아말렉과 더불어 대대로 싸우리라 하셨다 하였더라

⁸그때에 아말렉 사람들이 몰려와서, 르비딤에 있는 이스라엘 사람을 공격하였다.

⁹ 모세가 여호수아에게 말하였다. "장정들을 뽑아서 아말렉과 싸우러 나가시오. 내일 내가 하나님의 지팡이를 손에 들고, 산꼭대기에 서 있겠소."

¹⁰ 여호수아는 모세가 그에게 말한 대로 아말렉과 싸우러 나가고, 모세와 아론과 훌은 언덕 위로 올라갔다.

¹² 모세가 그의 팔을 들면 이스라엘이 더욱 우세하고, 그가 팔을 내리면 아말렉이 더욱 우세하였다.

모세가 피곤하여 팔을 들고 있을 수 없게 되니, 아론과 훌이 돌을 가져 와서 모세를 앉게 하고, 그들이 각각 그 양쪽에 서서 그의 팔을 붙들어 올렸다. 해가 질 때까지 그가 팔을 내리지 않았다.

¹³ 이렇게 해서, 여호수아는 아말렉과 그 백성을 칼로 무찔렀다.

¹⁴ 그때에 주님께서 모세에게 말씀하셨다. "너는 오늘의 승리를 책에 기록하여 사람들이 잊지 않도록 하고, 여호수아에게는, '내가 아말렉을 이 세상에서 완전히 없애서 아무도 아말렉을 기억하지 못하게 하겠다'고 한 나의 결심을 일러주어라."

¹⁵ 모세는 거기에 제단을 쌓고 그 곳 이름을 '여호와닛시'라 하고,

¹⁶ "주님의 깃발을 높이 들어라. 주님께서 대대로 아말렉과 싸우실 것이다" 하고 외쳤다.

'전쟁'이라는 단어를 들으면 우리는 보통 우크라이나나 중동의 분쟁 지역에서 들려오는 뉴스 헤드라인을 먼저 떠올린다. 하지만 물리적인 충돌보다 훨씬 더 우리 곁에 가까이 존재하는 전쟁이 있다. 매일의 평범한 일상 속에서 총칼 대신 생각과 선택으로 치르는, 보이지 않는 영적 전쟁이다.

연구에 따르면 현대인은 하루 평균 300번 이상의 크고 작은 결정을 내린다고 한다. 그중 30여 번은 상당한 내적 갈등을 동반하는 선택들이다. '아침에 조금 더 잠을 청할 것인가, 아니면 짧게라도 마음을 정돈하는 시간을 가질 것인가?' '동료가 부당한 일을 당할 때 침묵할 것인가, 아니면 용기 내어 나설 것인가?' 얼핏 사소해 보이는 이 모든 선택은 사실 내면 깊은 곳에서 벌어지는 가치관의 전쟁이다.

이러한 내적 전투는 단순히 심리적 피로를 주는 데 그치지 않는다. 전문가들은 이 갈등이 해결되지 않을 때 만성적인 불안과 우울, 심지어 신체적 질병으로 이어질 수 있다고 경고한다. 특히 신앙을 가진 이들에게 이 전쟁은 더욱 치열할 수밖에 없다. 삶의 기준이 되는 가치와 세상의 논리, 그리고 끊임없이 솟아오르는 개인의 욕망 사이에서 매 순간 줄다리기를 해야 하기 때문이다.

성경학자 월터 브루그만은 현대인의 가장 큰 문제로 '내 삶에 전쟁이 있다는 사실 자체를 인식하지 못하는 것'을 꼽았다. 우리는 종종 삶이 평화롭다고 착각하며 살아가지만, 실제로는 우리를 향해 화살을 겨누고 있는 '아말렉' 같은 위협적인 세력들 앞에 무방비로 노출되어 있는지도 모른다. 이 보이지 않는 전쟁터에서 우리에게 가장 필요한 것은 무엇일까? 우리가 여섯 번째로 살펴볼 하나님의 이름, '여호와 닛시'(Jehovah Nissi)에 바로 그 답이 있다.

이제 우리는 이 이름 앞에서 스스로에게 질문을 던져야 한다. 지금 내가 치르고 있는, 보이지 않는 전쟁은 무엇인가? 그리고 그 치열한 싸움 한가운데서, 여호와 닛시의 하나님이 주시는 승리의 열쇠는 과연 무엇인가?

우리가 맞닥뜨린 아말렉 전쟁은 언제나 갑작스럽게 시작된다. 이스라엘이 광야에서 처음 맞닥뜨린 전쟁이 바로 아말렉과의 싸움이었다. 이스라엘 백성은 이미 홍해를 건넜고, 만나와 메추라기를 통해 하나님의 공급하심을 경험했으며, 반석에서 물이 솟는 기적까지 보았다. 하지만 그 은혜의 감격이 채 가시기도 전에, 전혀 준비되지 않은 상태에서 아말렉의 기습을 받게 된다.

당시 이스라엘은 애굽에서 갓 탈출한 노예 무리에 불과했다. 군사 훈련은커녕 제대로 된 무기조차 없었던 그들에 비해, 아말렉은 광야를 누비며 단련된 거친 유목민 전사들이었다. 애초에 싸움의 조건부터 달랐다. 이 전쟁은 이스라일 백성에게는 불리할 수밖에 없는 싸움이었다.

이 불합리한 전쟁을 이해하기 위해서는 아말렉이라는 존재의 뿌리부터 살펴볼 필요가 있다. 아말렉은 이삭의 아들 '에서'의 손자로부터 시작된 혈통이다(창 36장 참조). 장자의 명분과 축복을 가볍게 여겼던 에서의 후손답게, 그들의 혈통에는 하나님을 향한 불신과 적대감이 흐르고 있었다. 성경은 그들이 이스라엘이 지쳐 있을 때를 틈타 행군 뒤편에 처진 약한 자들을 공격했으며, 무엇보다 그들은 하나님을 두려워하지 않았다고 기록한다(신 25:17-18 참조).

아말렉은 단순히 과거의 한 부족만을 의미하지 않는다. 하나님과 그분의 약속을 가볍게 여기고, 인간의 가장 약한 부분을 파고들며, 신의 존재를 두려워하지 않는 모든 영적 세력을 상징한다. 우리 삶에서 갑작스럽게 평화를 깨뜨리고 전쟁을 일으키는 장본인이 바로 이들이다. 그래서 성경이 하나님의 백성을 대적하는 세력을 말할 때 아말렉을 대표적으로 언급하는 이유도 여기에 있다.

아말렉은 정면으로 싸우지 않았다. 약한 자, 뒤처진 자를 노렸다. 광야의 먼지 속에서 천천히 걸음을 옮기던 피곤한 무리, 바로 그들이 표적이었다. 아말렉은 하나님의 백성이지만 힘이 빠진 자들을 집요하게 공격했다. 이것이 바로 오늘 우리가 맞서고 있는 영적 전쟁의 본질이다.

어둠의 세력은 항상 피로에 지친 사람을 먼저 찾아낸다. 신앙의 행렬에서 뒤로 밀려난 사람, 마음이 식고 주님과의 거리가 멀어진 사람을 표적으로 삼는다. 베드로가 예수님을 "멀찍이 따라갔다"고 기록된 구절(막 14:54)은 이를 상징적으로 보여 준다. 그는 주님을 완전히 떠난 것도 아니었지만, 그렇다고 가까이 있지도 않았다. 그 적당한 거리 속에서 신앙은 무너졌다. 하나님과의 거리, 공동체와의 거리, 그 간격이 넓어질수록 아말렉의 화살은 정확히 그 틈을 향해 날아온다.

신앙의 여정에서 피곤함을 느낄 때야말로 가장 위험한 순간이다. 피곤하다는 이유로 예배를 미루고, 힘들다는 이유로 기도를 멈추면, 우리는 서서히 뒤처지게 된다. 단순히 조금 쉬어 가는 문제가 아니라, 생사가 걸린 치열한 싸움의 시작이다. 아말렉은 공정한 경기를 하지 않는다. 그들은 우리의 나약함을 조용히 기다렸다가, 믿음의 걸음이 느슨해지는 바로 그 찰나를 놓치지 않고 집요하게 공격한다.

광야의 전쟁은 이렇듯 불공평해 보인다. 아무 준비도 하지 못한 백성에게 가차없이 공격이 쏟아졌다. 그러나 이것이 바로 인생의 전쟁이기도 하다. 예기치 못한 순간에, 아무런 대비 없이 고난이 찾아오는 것처럼 말이다.

갑작스러운 경제적 위기, 믿었던 관계의 단절, 예고 없이 무너진 건강, 혹은 이유를 설명할 수 없는 깊은 공허함과 불안. 이런 파도들이 일상을 흔들어 놓을 때 우리는 스스로에게 묻는다. "왜 하필 지금, 나에게 이런 일이 일어나는가?" 그러나 신앙의 여정에서 이러한 전쟁은 피할 수 없는 통과 의례와도 같다. 광야를 지나는 모든 이에게 전쟁은 선택이 아닌, 반드시 마주하고 넘어서야 할 과정이기 때문이다.

하늘을 향한 손끝에서 시작된 승리

이스라엘이 직면한 아말렉 전쟁은 단순한 생존을 위한 싸움이 아니었다. 그것은 인간의 힘과 하나님의 주권이 만나는 자리였다. 거대한 위기 앞에서 모세는 하나님이 주신 지혜로 두 가지 전략을 세운다. 젊은 지도자 여호수아에게는 사람들을 택해 전쟁터로 나가게 하고, 자신은 하나님의 지팡이를 잡고 산 꼭대기에 선 것이다.

모세는 싸움을 피하지 않았다. 그러나 동시에, 싸움을 인간의 영역에만 두지도 않았다. 그의 전략에는 두 축이 있었다. 하나는 여호수아를 통해 실제 전쟁터로 나아가게 한 것이고, 다른 하나는 자신이 하나님의 지팡이를 들고 산 위로 올라가 기도한 것이다. 그는 한 손으로 현실의 전장을 붙들고, 다른 손으로 하나님을 붙들었다. 행동과 기도의 균형, 현실적 책임과 영적 의지의 결합. 이것이 모세가 보여 준 지혜였다.

우리 삶에서도 어떤 사람은 기도만 하고 행동하지 않고, 또 어떤 사람은 행동만 하며 기도를 잊는다. 그러나 신앙은 둘 중 하나가 아니라 둘 모두를 포함한다. 건강을 잃었을 때 우리는 병원을 찾지만, 그 치료의 손길 위에 하나님의 도우심을 구해야 한다. 새로운 일을 시작할 때 우리는 철저히 준비하되 동시에 하나님이 길을 여시도록 기도해야 한다. 신앙의 균형은 바로 그 사이에 있다. 인간의 최선과 하나님의 주권이 함께 움직이는 자리 말이다.

이 전쟁에서 인상적인 장면은 모세가 손을 들고 있을 때는 이스라엘이 이기고, 손을 내리면 아말렉이 이기는 모습이다. 상상해 보면, 무척이나 재미있는 장면이다. 전쟁의 승패가 한 사람의 손끝에 달려 있다니. 비현실적으로 보이지만 이것은 단순한 기적담이 아니다. 손을 든다는 행위는 성경에서 기도, 전적인 의탁을 의미한다. 곧 "하나님, 저는 할 수 없습니다. 오직 하나님만이 이기실 수 있습니다"라는 고백이다. 전장에서 실제로 칼을 휘두른 것은 여호수아와 그의 전사들이었으나, 승부의 향방을 가른 결정적인 힘은 산 위에서 하나님을 향해 손을 높이 들었던 기도팀에 있었다.

우리도 아무리 노력해도 감당할 수 없는 현실 앞에 설 때가 있다. 수년간 지켜 온 건강이 예기치 못한 질병으로 무너지고, 오랜 신뢰가 한순간에 산산조각 나며, 정체를 알 수 없는 불안과 공허가 영혼을 잠식하기도 한다. 완전한 고립이나 탈진의 순간, 우리는 스스로를 회복시킬 힘조차 우리 자신에게는 없다는 것을 실감한다. 바로 그때, 모세의 이야기는 우리에게 묻는다. "당신의 손은 지금 어디를 향해 있는가?"

하나님에게 손을 든 자가 전쟁의 승리를 움직였다. 시편 기자는 지성소를 향해 손을 들고 부르짖을 때 소리를 들어달라 노래했고(시 28:2 참조), 바울 역시 다툼 없이 거룩한 손을 들어 기도하라고 권면했다(딤전 2:8 참조). 손은 신체의 일부를 넘어, 우리 믿음의 방향을 드러내는 이정표였다.

예수님 역시 그 사실을 알고 계셨다. 십자가의 고통을 앞두고 겟세마네 동산에서 무릎을 꿇은 그분은, 떨림의 장소를 기도의 장소로 바꾸셨다. 제자들은 그 부름을 받았지만, 결국 잠이 들었다. 인간의 연약함은 그렇게 기도의 자리에서 드러난다. 그러나 예수님은 끝내 손을 들어 하나님에게 의탁하셨고, 그 기도는 세상을 구원하는 능력이 되었다. 기도는 단지 종교적 습관이 아니다. 그것은 인간의 한계를 인정하는 가장 용기 있는 행위다.

미국의 링컨 대통령은 남북전쟁에서 북군이 승리했을 때, 이렇게 말했다. "승리한 모든 이유를 분석했지만, 가장 중요한 하나가 빠져 있습니다. 그것은 기도입니다." 5만 번 기도 응답을 받은 조지 뮐러 역시 이렇게 고백했다. "이 땅에는 단 하나의 빈곤만이 존재합니다. 그것은 기도의 빈곤입니다." 우리의 아말렉 전쟁도 결국 기도의 자리에서 승패가 결정된다.

삶의 가장 약한 지점, 피곤하여 뒤처진 자리를 노리는 이 영적 싸움에서, 우리가 붙들 수 있는 유일한 무기는 하나님에게 손을 드는 일이다. 기도의 빈곤 속에 머무는 대신, 기도의 풍요 속으로 들어가야 한다. 하나님에게 손을 든 자만이 진짜 전쟁에서 승리를 볼 수 있다.

누군가의 손이 되어 준다는 것

이스라엘과 아말렉의 전쟁은 단순한 힘의 싸움이 아니었다. 산 아래에서는 여호수아와 백성이 창을 들고 싸웠지만, 산 위에서는 모세가 두 손을 들어 하나님에게 의지하고 있었다. 전쟁의 승패는 결국 '누가 더 강한가'가 아니라, '누가 끝까지 하나님을 의지하는가'에 달려 있었다. 하지만 그 간절한 마음과 달리, 시간이 흐를수록 모세의 손은 점점 무거워져만 갔다. 성경은 그 결정적인 순간을 이렇게 기록한다.

모세의 팔이 피곤하매 그들이 돌을 가져다가 모세의 아래에 놓아 그가 그 위에 앉게 하고 아론과 훌이 한 사람은 이쪽에서, 한 사람은 저쪽에서 모세의 손을 붙들어 올렸더니 그 손이 해가 지도록 내려오지 아니한지라(출 17:12).

이 한 구절 안에는 인간의 한계와 하나님의 능력이 동시에 담겨 있다. 모세는 하나님의 사람이라 불렸지만, 그도 완전하지는 않았다. 그는 지쳤고, 의지와 상관없이 팔이 내려갔다. 신앙의 여정도 처음에는 감격으로 출발하지만, 얼마 지나지 않아 숨이 차오른다. 새벽마다 기도하겠다고 다짐하지만 몇 날 지나면 피곤함에 눌리고, 말씀을 붙잡겠다는 결심도 일상의 무게에 쉽게 밀려난다. 열심히 섬기던 사람들도 어느 순간 '이젠 좀 쉬고 싶다'는 마음이 든다. 우리는 모두 모세처럼 언젠가는 팔이 내려갈 수밖에 없는 연약한 존재들이다.

그러나 하나님은 그 피로의 자리에 '아론과 훌'이라는 동역자를 보내신다. 그들은 모세의 약함을 보았을 때 지적하거나 비난하지 않았다. 대신 조용히 돌을 가져다가 그가 앉을 자리를 마련하고, 한쪽씩 그의 손을 붙들었다. 그 단순한 행동 하나가 이스라엘의 전세를 바꾸었다. 이 장면은 신앙 공동체가 어떻게 작동해야 하는지를 보여 준다.

하나님은 우리가 혼자 고군분투하며 버티기를 원하지 않으신다. 서로가 서로의 팔이 되어 주는 사람들, 손이 내려갈 때 그 손을 붙들어 주는 사람들이 필요하다. 오늘날의 교회도 이름 없이 흘리는 땀과 손길이 한데 모여 예배가 완성된다. 안내팀, 찬양팀, 주차팀, 방송팀, 식당 봉사팀, 아이들을 돌보는 교사들. 예배의 자리를 가능하게 하는 사람들이다. 그들이 바로 아론과 훌이다.

한번은 3040세대 부모들이 성경 공부에 참여하고 싶지만 아이를 맡길 곳이 없어 고민하던 때가 있었다. 그때 유아실에서 아이들을 돌보겠다고 자원한 몇몇 봉사자가 있었다. 그들의 묵묵한 헌신 덕분에 3040세대 부모들이 마음 놓고 성경 공부를 할 수 있었다. 또, 어르신들의 식사를 챙기며 기도하는 손길들, 행사 준비로 밤늦게까지 남아 교회의 공간을 꾸미는 손길들. 모두가 보이지 않는 곳에서 모세의 팔을 붙드는 아론과 훌이었다.

신앙은 혼자서 오래 버틸 수 있는 것이 아니다. 내가 누군가의 손이 되어 줄 때, 그리고 나의 떨리는 손을 붙들어 주는 누군가가 곁에 있을 때 우리는 비로소 끝까지 걸어갈 수 있다. 공동체는 완벽한 사람들의 모임이 아니다. 오히려 자신의 한계를 인정한 사람들이 모여 서로를 의지하는 곳이다. 하나님은 바로 그 연결된 손들을 통해 일하신다.

그러니 이제 주위를 조금 더 다정한 시선으로 바라보아야 한다. 누군가의 손이 힘없이 내려가고 있지는 않은지, 누군가의 시선이 외롭게 바닥을 향하고 있지는 않은지 말이다. 그때 우리가 할 일은 거창하지 않아도 좋다. 아론과 훌처럼 조용히 다가가 쉴 곳을 내어 주고, 그저 곁에서 손을 맞잡아 주는 것만으로도 충분하다.

낙담한 사람의 이야기를 끝까지 들어주는 것, 지친 이를 위해 짧은 안부를 묻는 것, 따뜻한 밥 한 끼를 나누는 것. 이런 작은 행동들이 모여 세상에 희망을 전한다. 우리가 서로의 불완전함을 사랑으로 메울 때, 그 틈 사이로 하나님의 능력이 흐르기 시작한다. 우리를 승리로 이끄는 것은 홀로 치켜든 강한 팔이 아니라, 서로의 약함을 지탱하며 함께 들어 올린 손이기 때문이다.

전쟁 끝에서 드러난 이름, 여호와 닛시

전쟁은 끝났다. 성경은 이 전쟁의 끝을 이렇게 기록한다.

> 여호수아가 칼날로 아말렉과 그 백성을 쳐서 무찌르니라
> (출 17:13).

결국 승리는 하나님에게 속한 것이었다. 모세의 손이 높이 들렸다고 해서 그의 인간적인 힘이 전쟁을 이긴 것은 아니었다. 그 손을 통해 일하신 분은 하나님이었다. 이스라엘의 승리는 인간의 열심이 아니라 연약함 속에서도 역사하신 하나님의 능력에서 비롯된 것이었다.

진정한 승리는 우리의 노력으로 쟁취하는 전유물이 아니다. 끝까지 하나님을 붙드는 손, 포기하지 않고 그분에게 의탁하는 마음, 그리고 그 간절함 속에 역사하시는 하나님의 은

하나님의 이름은,

혜가 진짜 승리를 만든다. 전쟁이 끝난 뒤 하나님은 이 싸움을 기록하게 하셨고, 모세는 그 기억의 터 위에 감사의 제단을 쌓았다.

모세는 제단에 "여호와 닛시"라고 이름을 붙이며, "하나님이 우리의 승리의 깃발이 되신다"고 선포하였다. 이것은 단순한 감정적 고백이 아니었다. 실제 전쟁 속에서 하나님이 어떻게 일하셨는지를 목격한 자의 확신의 고백이자 간증이었다. 패배의 그림자가 짙게 깔린 순간에도 하나님의 손이 우리 삶을 이끌고 있다는 믿음의 이정표인 것이다.

그러고 나서 모세는 또 한 가지를 전했다. "여호와께서 맹세하시기를, 여호와가 아말렉과 대대로 싸우리라." 이 말은 전쟁이 한 번으로 끝나지 않음을 보여 준다. 이스라엘의 역사 속에서 아말렉과의 싸움이 세대마다 반복되었듯, 우리 인생의 영적 전쟁 또한 그치지 않을 것이다. 어쩌면 어제와는 다른 얼굴과 이름으로 우리를 다시 찾아올지도 모른다. 그러나 두려워할 필요는 없다. 하나님이 그 모든 전쟁의 한가운데서 친히 우리의 깃발로 서 계시기 때문이다. 우리가 싸우는 모든 전장 위에, 그분의 이름이 휘날리고 있다.

삶에는 예상치 못한 건강의 위기나 가정의 갈등, 신앙의 회의나 관계의 상처 같은 풍랑이 늘 존재한다. 하지만 그 어떤 상황에서도 하나님은 '여호와 닛시'로 우리 곁을 지키신다. 그분은 멀리서 관망하는 관찰자가 아니라, 우리와 함께 싸우며 내려가는 손을 붙들어 주시는 든든한 동행자시다. 승리는 상황이 평안해질 때 오는 것이 아니라 그분의 이름 아래 서 있을 때 완성된다는 것을 기억해야 한다. 하나님이 우리의 깃발이 되신다면, 우리가 지금 어디에 서 있든 이미 승리의 자리에 있는 것이다.

내 삶에 새겨진 하나님의 이름은,

하나님의 이름을 머리로 이해하는 단계를 넘어, 내 삶의 언어로 고백하기 위한 나눔입니다. 지금 이 순간 마주한 고민과 상황 속에 하나님의 이름이 실제적인 해답이 되고 있는지 점검하며 솔직하게 나누어 보십시오.

1. 현재 나의 내면에서 치열하게 벌어지고 있는 '보이지 않는 전쟁'(반복되는 유혹, 비교의 마음, 분노 등)은 무엇인가?

2. 그 싸움에서 승리하기 위해 나는 주로 어떤 무기를 쓰는가? 내 의지인가, 아니면 하나님을 향한 기도의 손인가?

3. 요즘 나의 삶에서 '기도'와 '행동'의 저울은 어느 쪽으로 기울어져 있는가? (행동만 앞선다 vs 기도만 하고 움직이지 않는다)

4. 나의 영적 방어선이 무너지고 예배와 기도가 밀려나기 시작
   하는 위험한 신호는 주로 언제 나타나는가?

5. 모세의 곁을 지켰던 아론과 훌처럼, 누군가 내 처진 팔을 붙들
   어준 덕분에 다시 일어섰던 기억이 있는가? 혹은 반대로, 한
   계에 다다른 누군가의 곁에서 끝까지 함께 버텨 주었던 경험
   이 있는가?”

작은 실천

○ 유혹이나 무기력에 밀려올 때, 내 의지보다 '하나님의 도우심'을 먼
  저 구하기
○ 평범한 하루를 '하나님이 거두신 승리'로 고백하며 감사하기
○ <비 준비하시니> 찬양 부르기

Jehovah Shalom

Chapter 7

소란한 마음을
평안으로 덮는 이름,

여호와 샬롬

19 기드온이 가서 염소 새끼 하나를 준비하고 가루 한 에바로 무교병을 만들고 고기를 소쿠리에 담고 국을 양푼에 담아 상수리 나무 아래 그에게로 가져다가 드리매

20 하나님의 사자가 그에게 이르되 고기와 무교병을 가져다가 이 바위 위에 놓고 국을 부으라 하니 기드온이 그대로 하니라

21 여호와의 사자가 손에 잡은 지팡이 끝을 내밀어 고기와 무교병에 대니 불이 바위에서 나와 고기와 무교병을 살랐고 여호와의 사자는 떠나서 보이지 아니한지라

22 기드온이 그가 여호와의 사자인 줄을 알고 이르되 슬프도소이다 주 여호와여 내가 여호와의 사자를 대면하여 보았나이다 하니

23 여호와께서 그에게 이르시되 너는 안심하라 두려워하지 말라 죽지 아니하리라 하시니라

24 기드온이 여호와를 위하여 거기서 제단을 쌓고 그것을 여호와 살롬이라 하였더라 그것이 오늘까지 아비에셀 사람에게 속한 오브라에 있더라

하나님의 이름은,

¹⁹ 기드온은 즉시 가서, 염소 새끼 한 마리로 요리를 만들고, 밀가루 한 에바로 누룩을 넣지 않은 빵도 만들고, 고기는 바구니에 담고, 국물은 그릇에 담아, 상수리나무 아래로 가지고 가서 천사에게 주었다.

²⁰ 하나님의 천사가 그에게 말하였다. "그 고기와 누룩 넣지 않은 빵을 가져다가 이 바위 위에 놓고, 국물을 그 위에 부어라." 기드온이 그대로 하였더니,

²¹ 주님의 천사가 손에 든 지팡이 끝을 내밀어, 고기와 누룩 넣지 않은 빵에 댔다. 그러자 불이 바위에서 나와서, 고기와 누룩 넣지 않은 빵을 살라 버렸다. 그런 다음에 주님의 천사는 그 앞에서 사라져서 보이지 않았다.

²² 기드온은 그가 주님의 천사라는 것을 알고, 떨면서 말하였다. "주 하나님, 내가 주님의 천사를 대면하여 뵈었습니다."

²³ 그러자 주님께서 그에게 말씀하셨다. "안심하여라. 두려워하지 말아라. 너는 죽지 않는다."

²⁴ 기드온은 거기에서 주님께 제단을 쌓아 바치고는, 그 제단을 '여호와 샬롬'이라고 불렀다. (그 제단은 오늘날까지도 아비에셀 사람의 땅인 오브라에 서 있다.)

지난 몇 년간 우리 사회를 관통하는 하나의 키워드를 꼽으라면 단연 '불안'일 것이다. 끝이 보이지 않던 팬데믹과 장기화된 경제 불황, 전쟁과 국제 갈등, 정치와 종교의 극심한 분열까지. 개인의 삶을 무겁게 짓누르는 스트레스 속에서 '평화'는 어느새 우리에게 낯선 감정이 되어 버렸다.

이러한 현상은 수치로도 명확히 드러난다. 서울대학교 정신건강의학과 연구에 따르면 현대인의 70퍼센트 이상이 만성적인 불안을 경험하고 있다. 특히 밀레니얼 세대(1981-1996년생)와 Z세대(1997-2010년생)는 이전 세대보다 불안 수준이 약 25퍼센트나 더 높은 것으로 나타났다. 기술의 발전으로 삶은 비할 데 없이 편리해졌지만, 정작 마음은 더 불안해지고 있는 것이다. 우리는 평화를 갈망하면서도 정작 그 평화를 어디서 찾

하나님의 이름은,

아야 할지 모르는 시대를 살고 있다는 말이다.

　뉴욕타임즈 베스트셀러 작가 매트 헤이그는 소설 『미드나잇 라이브러리』(인플루엔셜 역간)에서 이렇게 말했다. "평화란 외부에서 찾는 것이 아니라 내면에서 발견하는 것이다." 이 문장은 현대인들에게 큰 위로를 주지만, 성경은 여기서 한 걸음 더 나아간다. 평화는 인간의 내면에서 비롯되는 감정이라기보다는 '관계' 속에서 주어지는 선물이라고 할 수 있다.

　실제로 이와 관련된 한 집사님의 이야기가 있다. 중학생이던 집사님의 딸은 시험 기간만 되면 극심한 불안 증세에 시달렸다. 성적은 늘 최상위권이었지만, 정작 아이는 시험 기간 내내 식사를 거르고 잠도 이루지 못했다. 명상이나 심호흡, 긍정 훈련 같은 여러 심리적 처방을 시도해 보았으나 그 효과는 잠시뿐이었다. 그러던 어느 날, 아이는 청소년 수련회에 참석하게 되면서 짧은 메시지 하나를 마음에 품게 되었다. "너의 가치는 성적이 아니라, 너를 창조하신 하나님과의 관계에 있단다." 완벽해야만 인정받을 수 있다는 압박 대신 있는 그대로 사랑받고 있다는 확신이 찾아오자 놀랍게도 불안이 잦아들기 시작했다.

　아이는 결국 평화를 외부 상황이나 자신의 성취가 아니

라 '관계의 안전함' 속에서 찾아냈다. 이처럼 진정한 평안은 내 앞의 난제를 모두 해결한 뒤에 주어지는 보상 같은 결과물이 아니다. 오히려 하나님과의 관계가 회복되고, 그분의 신뢰 안에 머물기로 결단하는 바로 그 자리에서 시작되는 '새로운 출발'이다.

숨는 자리에서 시작된 만남

우리가 불안 속에서 흔들릴 때마다, 성경은 그 속에서도 평화를 찾은 사람들의 이야기를 들려준다. 그중 하나가 바로 기드온이다. 그가 살던 시대 역시 지금과 다르지 않았다. 혼란과 두려움, 생존의 불안이 일상이었다. 우리는 이제 일곱 번째 하나님의 이름, '여호와 샬롬'(Shalom)을 만나 볼 것이다. '샬롬'은 흔히 평화(Peace)로 번역되지만, 그 단어 하나로 샬롬의 깊이를 다 담아 내기에는 부족하다. 히브리어 샬롬은 단순한 정서적 안정을 넘어 "완전함, 충만함, 전인적인 건강, 번영, 그리고 깨어진 관계의 회복"을 아우르는 말이다. 즉, 하나님이 통치하실 때 나타나는 삶 전체의 조화와 온전함을 뜻한다. 기드온이 경험한 이 '여호와 샬롬'의 하나님은 오늘 우리에게도 동일하게 다가오신다. 그분은 단지 마음을 진정시키는 분이 아니라, 깨어진 관계와 불안한 현실을 회복시키시는 분이다.

사사기 6장이 묘사하는 당시의 풍경은 참혹했다. 이스라엘은 그야말로 혼란의 극치에 달해 있었다. 지금 우리가 경험하는 불확실성, 그리고 우리 사회를 지배하는 이 막연한 불안함이 그때 그들의 모습과 너무나 유사하다. 미디안의 압제 아래 이스라엘 백성은 생존을 위해 산속 동굴로 숨어들어야 했다. 공들여 농사를 지어 놓으면 미디안과 아말렉, 동방의 족속들이 메뚜기 떼처럼 몰려와 모든 수확물을 약탈해 갔다. 이스라엘은 이런 식으로 7년 동안 짓눌렸고, 그들의 삶에는 도무지 희망이 없었다.

그 절망의 한복판에서 기드온은 포도주 틀에서 밀을 타작하고 있었다. 본래 타작은 바람이 잘 부는 넓은 마당에서 하는 일이지만, 그는 적에게 들키지 않으려 좁고 어두운 틀 안에서 몰래 곡식을 떨었다. 비겁해서가 아니라, 어떻게든 살아남아야 했기 때문이다.

그런 기드온에게 하나님의 사자가 나타나 "큰 용사여, 여호와께서 너와 함께 계시도다"라고 인사를 건넸다. 기드온의 반응은 냉소적이었다. "하나님이 정말 우리와 함께 계신다면, 어째서 우리 삶은 이 모양입니까?" 그는 하나님의 부재를 따져 물으며 내면에 쌓인 깊은 불신과 의문을 던졌다. 그러나 하나님은 그를 꾸짖지 않으셨다. 오히려 그의 두려움 속으로 들어오셨다. 기드온은 눈앞의 존재가 정말 하나님이신지 확인하고 싶었다. 그래서 "내가 예물을 가져올 때까지 기다려 달라"고 청하며, 서둘러 염소 새끼와 무교병을 준비해 왔다. 그것은 단순한 대접을 넘어 자신의 의심을 확신으로 바꾸고 싶어 했던 '치열한 확인'이자 '예배'였다.

기드온이 바위 위에 고기와 무교병을 놓자, 여호와의 사자가 지팡이 끝을 내밀었다. 그 순간 바위에서 불이 나와 예물을 모두 살랐다. 하나님이 그의 예배를 받으셨다는, 살아계심의 확실한 증거였다. 그 기적 같은 응답 앞에서 기드온은 비로소 깨달았다. 방금까지 자신이 마주하고 논쟁했던 분이 바로 만군의 여호와였다는 사실을 말이다.

그 압도적인 임재를 실감하자마자, 조금 전의 의심은 사라지고 죽음에 대한 공포가 그를 덮쳤다. 거룩하신 하나님을 직접 대면했다는 두려움에 휩싸인 그에게, 비로소 하나님의 음성이 들려왔다.

이 말은 단순한 위로가 아니었다. 하나님은 죽음을 두려워하던 사람에게 생명을 약속하셨다. 기드온은 거기서 제단을 쌓고 그 이름을 '여호와 샬롬'이라 불렀다. 기드온의 고백은 단순히 감정적인 평안이 아니었다. 하나님을 직접 경험하고 체험한 것을 고백하는 행위였다.

아브라함이 모리아 산에서 제단을 쌓고 "여호와 이레"(미리 보시고 준비하시는 하나님, 창 22:14)라 고백한 것과 모세가 전장에서 "여호와 닛시"(승리의 깃발이신 하나님, 출 17:15)를 선포한 것과 같은 간증적 고백이요, 믿음의 선언이었다. 다시 말해, 억압과 결핍, 두려움이 가득한 현실에서도 여전히 하나님이 평화의 주권자이심을 믿는 신앙의 선언이었다.

세상이 주는 것과 같지 않으니

"여호와 샬롬"은 7년 동안 미디안의 압제 아래 있던 이스라엘이 다시 회복될 것이라는 하나님의 약속이자 선언이었다. 단순히 전쟁이 없는 상태를 넘어, 하나님과의 관계가 회복됨으로써 누리게 되는 전인적인 온전함과 충만함을 약속하신 것이다.

이 지점에서 우리는 세상의 평화와 성경의 평안 사이의 결정적인 차이를 발견한다. 세상의 평화는 언제나 외부 조건에 달려 있다. 미디안의 압제가 끝나면, 경제적 어려움이 사라지면, 관계의 갈등이 해소되면, 그제야 평화가 올 것이라고 말한다. 그러나 성경은 참된 평안이 상황의 변화가 아니라 하나님의 임재에서 온다고 말한다.

이 시대는 교회와 나라 전체, 그리고 성도 개개인의 삶까지 말할 수 없이 고단하다. 그래서 다들 '경제적으로 좀 풀리면 평안해지겠지'라고 생각한다. 그러나 단언하건대, 통장이 두둑하게 채워지고 형편이 나아져도 우리는 여전히 불안할 것이다. 부유함이 우리 마음의 두려움까지 해결해 주지는 못하기 때문이다.

기드온이 평안을 고백한 순간에도 현실의 위협은 여전했다. 미디안의 칼날은 여전히 매서웠지만, 하나님이 함께하신다는 확신이 그 어떤 불안에도 깊은 평안을 주었다. 훗날 이 땅에 오신 예수님 역시 제자들에게 세상이 주는 것과는 본질적으로 다른, 오직 자신만이 줄 수 있는 평안을 약속하시며, 마음에 근심도 두려움도 담아 두지 말라고 다독이셨다(요 14:27 참조).

세상이 주는 평화는 로마 제국이 군사력으로 유지했던 '팍스 로마나'(Pax Romana)처럼 힘의 균형이 깨지면 신기루처럼 사라진다. "조금만 더 성공하면, 평생 보장받는 안정적인 직업을 가지면, 충분한 재정이 확보되면, 다시 건강을 되찾으면 내 삶은 평화로워질 거야." 이러한 자기 최면은 언제나 불안정할 수밖에 없는 모래성이다.

반면 성경이 말하는 평안은 조건을 넘어선다. 사도 바울이 감옥 안에서도 비천함과 풍부함 그 어떤 형편에서도 자족할 수 있는 일체의 비결을 배웠다고 당당히 외칠 수 있었던 이유도, 환경은 바뀌지 않았지만 그를 강하게 하시는 분과의 관계가 견고했기 때문이다.

세상의 평화는 언제나 일시적이다. 주식이 오르면 잠시 안심하고, 떨어지면 불안해진다. 건강이 좋을 때는 평화를 느끼다가도, 병의 진단 앞에서는 마음이 무너진다. 그러나 하나님의 평안은 흔들리지 않는다. 그리스도의 평안은 언제나 우리를 향한 하나님의 사랑 위에 세워져 있기 때문이다.

사사기 6장의 기드온 이야기는 단순한 전쟁 영웅의 서사가 아니다. 포도주 틀에서 밀을 타작하던 한 남자가 300명의 용사를 이끌고 승리를 거둔 이야기가 아니다. 기드온의 서사는 결국 더 큰 이야기의 예표였다.

기드온이 어둠의 시대에 부름받았듯, 예수님 또한 로마의 폭정이 가득한 시대에 '평강의 왕'으로 오셨다. 기드온의 제물이 불로 받아들여졌던 것처럼, 예수님은 인류를 위한 완전한 제물이 되셨다. 기드온이 여호와 샬롬이라 이름한 제단을 쌓았던 것처럼, 예수님은 십자가 위에서 하나님과 인간 사이에 영원한 화평의 다리를 놓으셨다.

그분은 십자가를 통해 하나님과 우리 사이를 가로막은, 원수된 담을 자기 육체로 허무시고 우리를 기꺼이 화목하게 하셨다(엡 2:1-17 참조). 단지 예수님은 평화의 메시지를 전하셨을 뿐 아니라, 그분의 십자가 피로 만물이 하나님과 화목하게 되는 화평의 길 자체가 되셨다. 예수님은 우리에게 평화를 주러 오신 분을 넘어, 그분 자신이 곧 우리의 '샬롬'이시다.

그렇다면 오늘 우리의 일상 속에서는 어떻게 '여호와 샬롬'을 경험할 수 있을까? 평화가 사라진 시대, 불안이 일상이 된 이 시대에, 우리는 어떻게 그분이 주시는 평안을 다시 회복할 수 있을까?

그 답은 결코 멀리 있지 않다. 기드온의 이야기를 들여다보면, 하나님은 우리에게 평안을 선물하시기 전, 먼저 '두려움을 있는 그대로 마주하게' 하신다는 것을 알 수 있다. 불안을 억지로 부정하거나 숨기지 않고, 그 떨림의 한복판에서 하나님을 간절히 찾을 때 진정한 평안이 시작되기 때문이다.

하나님의 부르심 앞에 기드온은 자신의 초라함을 숨기지 않았다. "나의 가문은 지극히 약하고, 나는 가장 보잘것없는 존재입니다." 이 고백은 단순한 절망이 아니라 정직한 자기 인식이었다. 그는 자신의 한계를 부인하지 않았다. 참된 믿음이란, 억지로 강해지려 발버둥 치는 것이 아니라, 나의 두려움을 하나님 앞에 겸손히 인정하는 일에서 시작된다.

하지만 정직한 대면 뒤에는 더 큰 실존적 떨림이 찾아왔다. 기드온은 자신이 마주한 이가 여호와의 사자임을 깨닫는 순간, 죽음의 공포에 휩싸였다. 구약의 세계관에서 죄인이 거룩하신 하나님을 직접 대면하는 것은 곧 죽음을 의미했기 때문이다. 모세도 "사람이 내 얼굴을 보고 살 자가 없다"(출 33:20) 하신 말씀을 들었고, 야곱은 브니엘에서 "내가 하나님과 대면

하여 보았으나 내 생명이 보전되었다"(창 32:30)며 놀라워했다. 선지자 이사야 역시 "이제 나는 죽게 되었구나! 나는 입술이 부정한 사람인데, 입술이 부정한 백성 가운데 살고 있으면서, 왕이신 만군의 주님을 만나 뵙다니!"(사 6:5, 새번역)라고 고백했다. 기드온 역시 마치 잊고 있던 죄책감이 터져 나오듯 숨 막히는 두려움을 느꼈다. 도저히 그분 앞에 설 수 없다는 절망이었다.

오래 신앙생활을 한 성도는 기도할 때마다 이런 두려움을 느낀다고 털어놓았다. "목사님, 저는 기도할 때마다 두렵습니다. 봉사도 헌금도 결국 하나님의 진노를 피하기 위한 것 같습니다. 제 삶에는 평안이 없습니다." 하나님을 사랑하면서도 동시에 그분을 심판자로만 여겼던 그는, 자신의 행위로는 결코 거룩한 기준에 닿을 수 없다는 절망에 짓눌려 있었다. 그 절망의 끝자락에서 하나님은 비로소 말씀하신다. "안심하라, 두려워하지 말라. 너는 죽지 않을 것이다."

이것은 단순한 위로가 아니라 생명의 선언이다. 하나님은 두려움에 짓눌린 인간에게 단순히 '죽지 않는 것'을 넘어 '새롭게 살게 될 것'을 약속하신다. 이 약속을 붙잡을 때 평안은 현실이 된다. 사실 기드온의 상황은 바뀐 것이 없었다. 미디안의 위협은 여전했고 현실의 문제는 그대로였다. 그러나 하나님의 약속이 그 마음을 덮자, 절망의 자리는 평안의 자리로 바뀌었다.

얼마 전 건강검진 결과를 받아 들고 깊은 불안에 빠진 한 성도와 이야기를 나눈 적이 있다. 평생 신실하게 교회를 섬겨온 분이었지만, 예상치 못한 질병의 가능성 앞에서 그분은 무너져 내리고 있었다. "목사님, 막상 죽음의 그림자가 제 곁에 있다고 생각하니 믿음은커녕 공포가 앞섭니다. 이런 제 모습이 너무나 부끄러워요. 하나님 앞에 죄송해서 기도가 나오질 않습니다."

자책하며 고개를 숙인 그분의 떨리는 손을 보며 나는 이렇게 답했다. "성도님, 두려움을 느끼는 것은 믿음이 없기 때문이 아니라, 우리가 연약한 인간이기 때문입니다. 두려움은 부끄러워할 대상이 아닙니다. 오히려 그 떨림을 숨기지 않고 하나님에게 그대로 가져가는 것, '하나님, 지금 제가 너무나 무섭습니다'라고 솔직하게 고백하는 그 걸음이 바로 가장 진실한 믿음의 증거입니다."

우리는 흔히 믿음이 있으면 두려움이 완전히 사라져야 한다고 생각한다. 하지만 하나님이 우리에게 원하시는 용기는 두려움이 없는 상태가 아니라, 두려움 속에서도 하나님을 향해 시선을 고정하는 것이다. 기드온이 두려운 상태로 하나님 앞에 그대로 나아갔듯이, 우리 역시 흔들리는 마음을 안고 하나님 앞에 설 때 비로소 그분의 평안이 우리의 불안을 덮기 시작한다.

불확실한 미래와 타인과의 비교, 완벽해야 한다는 강박이 우리를 짓누를 때에도 하나님은 결점 없는 결과물을 요구하지 않으신다. 그분이 진정 바라시는 것은 흔들리는 시선을 돌려 다시 당신을 의지하는 그 정직한 신뢰다. 그제야 우리는 깨닫는다. 샬롬은 내 삶에서 폭풍이 걷히는 것이 아니라 폭풍 한가운데서도 주님이 함께하신다는 확신 속에 누리는 고요함이라는 것을 말이다.

두려움을 덮는 이름, 여호와 샬롬

복음이 우리에게 전하는 메시지는 이토록 선명하다. "이제 두려워하지 말아라. 너는 결코 죽지 않을 것이다. 내가 바로 네 곁에 있을 것이다." 이 짧은 문장 안에 영원한 생명의 약속이

들어 있다. 하나님은 우리를 결코 두려움의 그늘에 방치하지 않으신다. 우리가 그분과의 관계 안에 머물기로 선택하는 순간, 샬롬은 이미 우리 곁에 와 있다.

이 평안은 막연한 감정이 아니다. 그것은 말씀을 통해 우리의 구체적인 일상 속에서 만져지고 경험되는 생생한 현실이다. 그래서 나는 지금 이 책을 읽는 분들에게 한 가지 작은 시도를 해 보자고 제안하고 싶다. 오늘 하루, 자신을 가장 깊게 누르고 있는 두려움을 종이 위에 솔직하게 적어 보는 것이다. 경제적인 압박, 건강에 대한 염려, 아물지 않은 관계의 상처, 혹은 이유를 알 수 없는 공허함, 그 어떤 것도 좋다.

그 두려움의 목록 옆에 가장 좋아하는, 혹은 가장 힘이 되는 성경 구절 하나를 함께 적어 보라. 그리고 그것을 시선이 가장 자주 머무는 곳에 붙여 두라. 아침에 눈을 뜰 때와 밤에 잠자리에 들기 전, 그 구절을 천천히 소리 내어 읽어 보길 바란다. 분명 어느 순간, 자신을 지배하던 감정의 농도가 달라져 있음을 깨닫게 될 것이다.

나는 내 시선이 닿는 곳에 로마서 8장 32절 말씀을 붙여 놓았다.

자기 아들을 아끼지 아니하시고 우리 모든 사람을 위하여 내주신 이가 어찌 그 아들과 함께 모든 것을 우리에게 주시지 아니하겠느냐.

이 말씀을 바라볼 때마다 이미 모든 것을 주신 하나님을 다시 떠올리게 된다. 그 순간, 불안이 잦아들고 평안이 조금씩 자리를 잡는다. 기드온이 체험했던 그 샬롬이 지금 내 일상에도 스며드는 것이다.

기드온의 이야기가 우리에게 남긴 메시지는, 결국 "가장 깊은 두려움의 한복판에서도 우리는 하나님을 만날 수 있다"는 것이다. 우리가 그분의 약속을 붙잡는 그 자리가 바로 '여호와 샬롬'의 제단이 세워지는 성소다. 죽음의 그림자가 짙게 깔린 골짜기를 지날 때조차 주께서 나와 함께하시기에 나는 결코 두렵지 않다는 시편 23편 4절의 고백은 오늘 우리에게도 유효하다.

샬롬은 하나님이 우리와 함께 계시다는 가장 강력한 증거다. 하나님이 내 곁에 계시다는 사실, 오직 그것만이 우리가 이 불안한 시대 속에서도 감히 평안을 말할 수 있는 유일한 이유다.

내 삶에 새겨진 하나님의 이름은,

하나님의 이름을 머리로 이해하는 단계를 넘어, 내 삶의 언어로 고백하기 위한 나눔입니다. 지금 이 순간 마주한 고민과 상황 속에 하나님의 이름이 실제적인 해답이 되고 있는지 점검하며 솔직하게 나누어 보십시오.

1. 지금 이 순간, 나의 평안을 가장 심하게 방해하는 구체적인 걱정거리는 무엇인가?

2. 나는 주로 어디에서 평안을 찾는가? 환경과 조건이 완벽해져야만 평안할 수 있다고 생각하지는 않는가?

3. "참된 평안은 상황이 아니라 하나님과의 관계에서 온다"는 진리가 실제 삶에서 얼마나 실감하는가?

하나님의 이름은,

4. 두려움 때문에 하나님이 맡기신 일이나 부르심 앞에서 주저
   하고 있는 영역이 있는가?

5. "안심하라, 두려워하지 말라"는 말씀을 지금 나의 상황에 대
   입한다면, 당장 오늘 나의 선택은 어떻게 달라지겠는가?

작은 실천

○ 불안하거나 두려울 때 1분간 깊이 호흡하며, 내 안의 소란을 주님의 평
  안으로 덮기
○ 갈등 상황에서 내 옳음을 주장하기보다 주님의 '화평'을 선택하기
○ <내 영혼의 그윽히 깊은 데서> 찬양 부르기

Jehovah Kadosh

Chapter 8

나를 눈부시게 빛는
거룩한 이름,
여호와 카도쉬

7 너희는 스스로 깨끗하게 하여 거룩할지어다 나는 너희의 하나님 여호와이니라

8 너희는 내 규례를 지켜 행하라 나는 너희를 거룩하게 하는 여호와이니라

하나님의 이름은,

7 그러므로 너희는 몸가짐을 깨끗하게 하고 거룩한 사람이 되어야 한다. 나는 주 너희의 하나님이기 때문이다.

8 내가 정한 규례를 지켜 그대로 하여야 한다. 나는 너희를 거룩하게 한 주다.

'거룩'이라는 단어는 이제 우리 일상에서 거의 사라진 듯하다. 교회 안에서는 여전히 자주 들리지만, 세상 밖으로 한 걸음만 나가도 낯설고 무겁게 느껴진다. 특히 예배 중 "거룩하신 하나님"을 부를 때면, 마음 한켠이 경건해지는 동시에 어딘지 모를 거리감이 느껴질 때가 있다.

많은 사람에게 어느덧 '거룩'은 불편한 단어가 되었다. 그것이 나다움이나 자유를 억압하는 엄격한 규율처럼 느껴지기 때문이다. 율법적이고, 구시대적이며, 현실과는 동떨어진 어떤 추상적인 덕목처럼 들리기도 한다. 그래서인지 우리는 종종 '거룩'을 즐거움이나 자유의 반대말로 오해하곤 한다.

예전에 한 청년이 이렇게 물었다. "왜 하나님은 우리가 세상의 즐거운 것들을 누리지 못하게 하실까요?" 이 질문 속에는 이미 하나의 전제가 깔려 있었다. '거룩함'이란 곧 하고 싶은 일을 못 하게 막는 '금지와 제한의 목록'이라는 인식이다. 또 가끔 교회에서 직분을 맡아 달라고 권면하면 "저는 자격이 없습니다"라며 한사코 거절하시는 분들이 있다. 하지만 속마음을 조금 더 깊이 들여다보면, 직분을 맡는 순간 내 마음대로 쓰던 시간이나 활동에 제약이 생길까 봐 미리 선을 긋는 경우가 많다. '직분 때문에 내가 하고 싶은 일을 못 하게 되면 어쩌나' 하는 걱정이 앞서다 보니, 하나님의 부르심이 기쁨보다는 불편함으로 다가오는 것이다.

영화나 드라마 속에서도 '거룩한 사람'은 차갑거나 위선적인 인물로 등장하기도 한다. 도덕적으로는 완벽해 보일지 모르나 정작 사람 냄새가 나지 않는 비현실적인 캐릭터다. 이런 왜곡된 이미지 탓에 거룩이라는 단어는 어느새 세상과 담을 쌓은 종교인의 엄격하고 딱딱한 삶을 떠올리게 한다. 교회 안에서도 신앙을 지킨다는 것이 곧 즐거움을 포기하는 일처럼 느껴지고, 거룩하게 산다는 것은 세상과 멀어지는 일처럼 여겨진다.

그러나 이것은 모두 거룩에 대한 오해다. 성경이 말하는 거룩은 우리를 가두는 제약이 아니라 더 넓은 세계로의 초대이며, 무언가를 못하게 막는 금지가 아니라 진정한 자유다. 그것은 억지로 짊어지고 가는 무거운 의무가 아니다. 오히려 압도적인 사랑을 경험한 이들이 세상 속에서 이전과는 '다르게' 살아가는, 지극히 아름다운 삶의 방식이다.

다르게 산다는 것의 진짜 의미

거룩이란 단어가 막연하게 느껴질 때, 우리는 성경에서 그 본래의 의미를 다시 찾아보아야 한다. 레위기 말씀에서 하나님은 우리에게 스스로를 깨끗하게 하여 거룩하라고 명령하시는 동시에, 나 여호와가 너희를 거룩하게 하는 존재라는 놀라운 선언을 덧붙이신다.

이 말씀 속에는 묘한 긴장이 흐른다. "너희는 스스로 깨끗하게 하여 거룩하라"는 명령과 "나는 너희를 거룩하게 하는 여호와다"라는 선언이 동시에 존재하기 때문이다. 거룩은 인간의 노력일까, 아니면 하나님의 선물일까? 이제 우리는 '여호와 카도쉬'(Kadosh), 거룩하게 하시는 하나님이 누구신지 살펴보며 이 질문에 대한 답을 찾아가 보려고 한다.

하나님의 이름은,

이 질문에 답하기 위해 우리는 먼저 '거룩'의 본래 의미를 되짚어 보아야 한다. 하나님이 요구하시는 거룩, 즉 히브리어 '카도쉬'는 단순히 착하게 사는 도덕적 수준을 넘어, 본래 '자르다', '분리하다'라는 말에서 왔다. 정리하면, '카도쉬'는 일반적인 것들 사이에서 특별한 목적을 위해 따로 떼어 놓은 '구별된 상태'를 뜻한다. 이는 하나님이 자신의 소유로 삼으신 자들을 세상의 가치관에서 분리해 내어, 오직 하나님의 질서 안에 두셨음을 의미한다.

하지만 이 거룩함은 세상으로부터의 차가운 격리가 아니라 세상 한복판에서 전혀 다른 방식으로 살아가라는 부르심에 가깝다. 제임스 패커는 『하나님을 아는 지식』(IVP 역간)에서 이렇게 말한다. "거룩함은 우리를 세상과 같게 하는 것이 아니라, 세상과 다르게 하는 것이다. 그것은 우리를 세상으로부터 격리시키는 것이 아니라 세상 안에서 다르게 살도록 하는 것이다."

그런데 사람들은 종종 '다르게 산다'는 말을 '규칙을 더 잘 지키며, 도덕적으로 완벽해져야 한다'는 뜻으로 오해한다. 그래서 거룩해지기 위해 금지 목록부터 만든다. '술을 마시지 않기', '험담하지 않기', '부정적인 말을 하지 않기' 등등. 이런 규칙들을 잘 지켜야 하나님이 기뻐하신다고 믿는다.

하지만 이런 태도는 거룩을 '무엇을 하지 않는 삶'으로 축소시킨다. 세상은 "너 자신을 마음껏 표현하라"며 자유를 말하는데, 신앙은 자꾸만 "하지 말라"며 발목을 잡는 것처럼 느껴진다. 결국 거룩은 시대착오적인 율법으로 전락하고, 우리는 평안 대신 피로감을 느낀다. 그러나 성경이 말하는 거룩은 다르다. J. C. 라일은 『거룩』(복있는사람 역간)에서 이렇게 말했다. "거룩함은 단순히 어떤 행동을 피하는 것이 아니라, 그리스도의 마음을 품고 그분의 발자취를 따르는 것이다." 거룩은 규칙이 아니라 관계다. 그리스도를 닮아 가는 여정이며 하나님과 사랑의 관계 속에서 자라나는 내면의 성품이다.

종종 이런 생각을 해 본 적이 있을 것이다. '내가 이런 규칙들을 잘 지켜야 하나님이 나를 사랑하실 거야.' '세상처럼 살지 않으면 하나님이 기뻐하시겠지.' 이런 사고방식은 신앙을 거래로 만드는 율법주의적 태도다. 욥의 친구들 역시 그런 논리에 갇혀 있었다. 고통당하는 욥을 향해 "네가 하나님을 기쁘시게 하지 않았으니 이런 재앙이 닥친 것"이라며 인과응보의 잣대를 들이댔다. 그러나 성경은 욥의 고난이 죄의 결과가 아니라 하나님이 인정하신 의로운 자의 믿음을 증명하는 사건임을 보여 준다. 하나님과의 관계는, '무엇을 잘했으니 복을 주는' 교환의 구조가 아니라 변함없는 사랑의 관계다. 거룩함 역시 그렇게 주어지는 것이다.

복음도 하나님이 이미 예수 그리스도 안에서 우리를 받아들이셨기 때문에, 우리는 그 은혜에 반응하며 거룩하게 살아가는 것이다. 우리의 행위가 구원의 조건이 아니라 구원받은 자의 자연스러운 열매가 되는 것이다.

하나님이 "너희는 스스로 깨끗하게 하여 거룩할지어다 나는 너희의 하나님 여호와이니라"고 강조하신 이유가 여기에 있다. 우리가 거룩해야 할 이유는 단 하나다. 바로 우리를 사랑하시는 하나님이 거룩하시기 때문이다. 우리가 하나님 아버지의 성품을 닮아 가려고 거룩해지기 위해 노력한다면, 그것이야말로 하나님의 거룩을 세상 속에 비추는 삶의 태도가 된다.

한번 생각해 보자. 우리는 왜 정직해야 할까? 단순히 그것이 규칙이기 때문일까? 아니다. 하나님이 진리의 하나님이시기 때문에 정직해야 하는 것이다. 우리는 왜 자비로워야 할까? 그래야 우리도 복을 받고, 남을 향한 선함이 있어야 우리도 긍휼을 받을 수 있기 때문일까? 아니다. 하나님이 자비로

우시기 때문이다. 우리 삶의 모든 행동은 하나님의 성품에 참여하고, 예수님을 닮아 가는 것에 뿌리를 두고 있기 때문이다.

존 비비어는 『거룩한 열정』(두란노 역간)에서 "거룩함은 하나님을 향한 열정적인 사랑에서 비롯된다"고 말했다. 누군가를 깊이 사랑하면 자연스럽게 그를 닮아 가듯, 하나님을 깊이 사랑할 때 우리는 자연스럽게 그분의 성품에 참여하고, 그분을 닮아 가게 된다. 결국 거룩은 사랑의 또 다른 이름이다. 그분을 깊이 사랑할수록 우리는 그분을 닮고 싶고, 그러다 보면 닮게 된다. 그분의 거룩함은 먼 이상이 아니라 우리 안에서 서서히 자라나는 생명이다.

여호와 카도쉬, 우리를 거룩하게 하시는 하나님은 오늘도 우리를 억압이 아닌 가장 아름다운 사랑의 닮아 감으로 초대하고 계신다.

일상의 작은 부분에서 시작되는 거룩

거룩함은 추상적인 개념이 아니라, 반드시 행동으로 증명되어야 하는 삶의 태도다. 하나님은 우리에게 말씀을 마음 깊이 간직하는 것을 넘어 그것을 실제 삶의 자리로 옮겨 내는 것을 요구하신다.

이 말씀을 원문으로 보면 더욱 분명해진다. "너희는 하나님의 말씀을 지켜(샤마르) 행하라(아사)"에서 '샤마르'는 보존하나, 지키다를 뜻하고, '아사'는 실제 행동으로 옮기는 것을 의미한다. 하나님의 말씀을 보석처럼 귀하게 지켜 내는 마음과, 그 말씀을 손과 발로 살아 내는 실천이 하나가 될 때 우리는 하나님의 사람으로 빚어진다. 예수님이 서기관과 바리새인들의 위선을 꾸짖으신 말씀처럼, 겉은 깨끗하지만 속은 탐욕으로 가득한 신앙은 거룩함과 거리가 멀다(마 23:25 참조).

이 원리는 사랑의 속성과도 닮아 있다. 말과 혀로만 사랑을 속삭이는 것이 아니라 행함과 진실함으로 그 마음을 증명하라는 요한일서 3장 18절의 권면처럼, 진짜 거룩은 마음속 다짐에 머물지 않고 구체적인 순종으로 나타난다. 그것은 거창한 종교적 헌신보다 오히려 가정에서의 인내, 직장에서의 정직, 그리고 인간관계 속의 작은 배려처럼 아주 사소한 일상의 공간에서 시작된다. 내 안에 여전히 용서하지 못한 사람이나 외면해 온 관계가 있다면, 그 불편한 진실을 직면하고 회복의 걸음을 떼는 것이야말로 거룩을 향한 가장 정직한 첫걸음이 될 것이다.

하지만 여기서 우리는 피할 수 없는 질문 앞에 선다. 과연 인간의 의지와 결단만으로 하나님의 거룩한 기준에 온전히 도달할 수 있을까? 이 질문 앞에서 누구나 주저하게 된다. 나는 목사가 되면 말씀을 잘 선포하고 잘 가르치기만 하면 되는 줄 알았다. 하지만 시간이 흐를수록 수많은 이들을 만나고 관계의 숲을 헤치며 나아가는 과정 자체가 목회라는 사실을 뼈저리게 깨달았다.

목회 현장에서 마주한 가장 큰 벽은 설교를 준비하기 위한 방대한 공부의 양이 아니었다. 오히려 아는 대로 살지 못하는 나 자신을 정직하게 마주한 채 설교단에 서야 한다는 사실이 가장 고통스러웠다. '입술로만 사랑하지 말라'는 말씀을 누구보다 잘 알고 선포하지만, 정작 내 마음속에는 '도저히 용납할 수 없다'는 외침이 요동칠 때가 많다. 겉으로는 웃으며 인사할지라도 속으로는 요란한 전쟁터, 그것이 내 일상이었다.

하나님을 향한 열정은 진심이었으나, 그 거룩을 삶으로 살아 내지 못하는 스스로를 보며 수없이 낙심했다. 겉은 경건해 보일지 몰라도 속은 여전히 갈등으로 가득한 신앙의 위선 앞에서 마음이 무너져 내렸다. 아마 지금 이 글을 읽는 많은 이들도 비슷한 경험을 할 것이다. 그러나 바로 이때, 우리의 한계가 바닥을 드러내는 바로 그 순간에 우리가 붙잡아야 할 놀라운 소망이 기다리고 있다.

명령하시는 것을 주소서

우리의 결단과 노력만으로는 완전한 거룩에 도달할 수 없다. 바로 이 지점에서 하나님은 우리에게 더 깊은 복음의 신비를 보여 주신다. 거룩은 우리가 쟁취해야 할 성취가 아니라, 하나님의 은혜로 부어지는 선물이라는 사실이다. 여기서 말하는 은혜는 단순히 죄를 덮어 주는 관대함을 넘어선다. 그것은 우리를 하나님의 성품에 참여시키고, 그분을 닮아 가도록 우리 내면을 근본적으로 변화시키는 능력이다.

사도 바울은 디도서에서 이 역동적인 은혜를 명확히 설

명한다. 모든 사람에게 구원을 주시는 하나님의 은혜가 이미 우리에게 나타나, 우리를 친히 양육하고 계신다는 것이다. 그 은혜는 우리가 경건하지 않은 습관과 세상의 정욕을 기꺼이 등지게 하며, 이 혼란스러운 세상 속에서도 신중함과 의로움, 그리고 경건함으로 살아갈 수 있게 하는 실제적인 힘이 된다(딛 2:11-12 참조).

우리를 변화된 삶으로 이끄시는 이 은혜의 역동성은, "내 규례를 지켜 행하라, 나는 너희를 거룩하게 하는 여호와"라고 하신 레위기 말씀에서 더욱 선명해진다. 이 말씀은 단순한 선언을 넘어선 거룩한 약속이다. 여기서 주목할 점은 '거룩하게 하다'라는 동사가 수동태가 아닌 능동태로 쓰였다는 사실이다. 만약 수동태였다면, 우리가 일정 수준의 도덕성을 갖추거나 예배의 횟수를 채울 때까지 하나님은 그저 기다리셨을지도 모른다. 그러나 능동태로 임하시는 하나님은 다르다. 우리가 잠에 빠져 있거나 세상을 향해 거침없이 달려갈 때에도, 하나님은 친히 찾아오셔서 우리의 목덜미를 움켜쥐고서라도 거룩의 자리로 이끄신다. 이것이 바로 자기 백성을 결코 포기하지 않으시는 하나님의 강력한 열심이다.

거룩은 우리의 의지나 결심의 산물이 아니라 하나님의

역사다. 씨를 뿌리고 물을 주는 이는 농부지만, 싹을 틔우고 열매 맺게 하시는 분은 오직 하나님이신 것과 같다(고린도전서 3:6-7 참조). 농부는 농작물을 키우는 데 전문가이지만, 싹이 트고 열매를 맺는 일은 농부의 능력 밖의 일이다. 오직 하나님에게 속한 영역이다. 아우구스티누스는 『고백록』에서 이렇게 기도했다. "주여, 명령하시는 것을 주시고, 주시는 것을 명령하소서."

하나님은 거룩을 명령하시지만, 동시에 그 명령을 완수할 하늘의 힘을 공급하신다. 명령과 은혜는 결코 분리되지 않는다. 우리는 그분이 손수 만드신 작품이며, 그리스도 예수 안에서 선한 일을 행하도록 지음받은 존재이기 때문이다. 하나님은 우리가 그 거룩한 길을 걸어갈 수 있도록 모든 것을 예비해 두셨다.

이 사실은 우리가 실패의 웅덩이에 빠졌을 때 유일한 소망이 된다. 만약 거룩이 오로지 나의 성실함에만 달려 있었다면, 우리는 매일의 좌절 끝에 결국 포기를 선언했을 것이다. 하지만 우리를 거룩하게 빚으시는 분이 여호와 카도쉬, 즉 하나님 자신이라면 이야기는 완전히 달라진다. 비록 오늘 넘어졌을지라도 그분 안에서 우리는 다시 일어설 수 있다.

그렇기에 우리는 매일 아침 겸손히 엎드려 이렇게 기도해야 한다. "하나님, 저는 제 힘으로 단 1분도 거룩하게 살 수 없습니다. 오늘 하루, 성령의 능력으로 저를 붙들어 주시고 주님의 거룩한 성품으로 살아갈 새 힘을 부어 주세요." 이 연약한 고백이야말로, 우리 안에서 거룩이라는 위대한 걸작을 시작하신 하나님의 손길이 지금도 작동하고 있다는 가장 확실한 증거다.

거룩의 주인이신 이름, 여호와 카도쉬

처음 던졌던 질문, "거룩함은 노력의 결과인가, 아니면 하나님의 선물인가?"에 대한 답은 이제 선명해졌다. 레위기 20장 말씀 속에는 엄중한 명령과 다정한 약속이 마치 두 손을 맞잡듯 나란히 놓여 있다. 우리를 향해 "거룩하라" 명령하시는 하나님은, 동시에 "내가 너희를 거룩하게 만드는 여호와라" 하시며 우리 인생의 책임을 자처하신다. 하나님은 우리에게 거룩을 요구하시지만, 결코 우리 홀로 그 산을 오르게 두지 않으신다. 그분은 요구하신 바를 우리 안에 친히 이루시는 분, 그

것이 복음이고 은혜다.

결국 우리가 마주한 질문은 단순하다. 거룩함을 숨 막히는 '의무'의 감옥으로 받아들일 것인가, 아니면 나를 향한 그 거대한 '사랑에 대한 응답'으로 받아들일 것인가? 하나님은 규칙만을 잘 지키는 종을 원하지 않으신다. 그분이 바라보시는 것은 사랑하기에 기꺼이 자신을 닮으려는 자녀의 마음이다. 거룩은 완벽함의 문제가 아니라 방향의 문제다. 우리가 완전하지 않아도, 그분을 향해 나아가고 있다면 이미 거룩의 여정 위에 있는 것이다.

종종 이런 고백을 하는 분들을 만난다. "목사님, 저는 하나님을 사랑하지만, 늘 실패하는 것 같아요. 기도하려 해도 금세 산만해지고, 성경을 읽어도 감동이 오래가지 않아요. 그래서 자꾸 스스로 실망합니다." 나는 이런 분들에게 이렇게 말해 주곤 한다. "그럼에도 여전히 하나님을 사랑하고 싶어 하는 그 마음, 그 갈망 자체가 이미 거룩의 시작입니다."

거룩은 결점 하나 없는 '성공적인 믿음'의 결과가 아니다. 수만 번 넘어지면서도 끝내 '하나님을 향한 방향'을 포기하지 않는 삶이다. 무너질 때마다 다시 그분에게 시선을 돌릴 용기, 실패의 얼룩 속에서도 사랑하기를 멈추지 않는 그 끈질긴 마음을 하나님은 '거룩'이라 불러 주신다.

우리의 힘만으로는 거룩하게 살 수 없다. 그러나 그리스도 안에서, 성령님의 도우심 속에서, 우리는 조금씩 하나님의 성품을 닮아 가며 그분의 거룩이 우리 삶 안에 새겨지는 것을 경험하게 된다. "나는 너희를 거룩하게 하는 여호와이니라." 이 약속이 오늘을 사는 우리 모두에게 가장 큰 위로이자 흔들리지 않는 소망이 되기를 바란다. 우리 안에서 이 아름다운 일을 시작하신 '여호와 카도쉬'께서는 그 일을 반드시 완성하실 것이다.

내 삶에 새겨진 하나님의 이름은,

> 하나님의 이름을 머리로 이해하는 단계를 넘어, 내 삶의 언어로 고백하기 위한 나눔입니다. 지금 이 순간 마주한 고민과 상황 속에 하나님의 이름이 실제적인 해답이 되고 있는지 점검하며 솔직하게 나누어 보십시오.

1. '거룩'이라는 단어를 들었을 때 느껴지는 첫 감정은 무엇인가?

   (예: 숨 막히는 종교적 의무 vs 닮고 싶은 아름다움)

2. 나는 거룩을 '나쁜 짓 안 하는 것'으로만 여기는가, 아니면 '하나님의 성품을 적극적으로 배우는 과정'으로 여기는가?

3. 내 의지가 아니라 하나님이 공급하시는 힘으로 거룩해질 수 있다는 사실이 나에게 어떤 자유함을 주는가?

하나님의 이름은,

4. 특히 하나님의 성품(정직, 용서, 인내 등) 중 내 일상에서 가장 실천하기 어렵게 느껴지는 영역은 무엇인가?

5. 거룩은 거창한 헌신보다 소소한 일상에서 시작된다. 최근 나의 소박한 하루 속에서 하나님을 닮으려 애썼던 작은 흔적은 무엇인가?

작은 실천

○ 습관적으로 입에서 불평이나 비난이 나올 때, 멈추고 축복의 말 한 마디로 바꿔 보기
○ 자극적인 영상 대신 찬양이나 말씀으로 내 공간의 분위기 바꾸기
○ <주께 가까이> 찬양 부르기

Adonai.

Chapter 9

먼지 같은 내 삶의
주인 되신 이름,
아도나이

¹ 이후에 여호와의 말씀이 환상 중에 아브람에게 임하여 이르시되 아브람아 두려워하지 말라 나는 네 방패요 너의 지극히 큰 상급이니라

² 아브람이 이르되 주 여호와여 무엇을 내게 주시려 하나이까 나는 자식이 없사오니 나의 상속자는 이 다메섹 사람 엘리에셀이니이다

³ 아브람이 또 이르되 주께서 내게 씨를 주지 아니하셨으니 내 집에서 길린 자가 내 상속자가 될 것이니이다

⁴ 여호와의 말씀이 그에게 임하여 이르시되 그 사람이 네 상속자가 아니라 네 몸에서 날 자가 네 상속자가 되리라 하시고

⁵ 그를 이끌고 밖으로 나가 이르시되 하늘을 우러러 뭇별을 셀 수 있나 보라 또 그에게 이르시되 네 자손이 이와 같으리라

⁶ 아브람이 여호와를 믿으니 여호와께서 이를 그의 의로 여기시고

하나님의 이름은,

¹ 이런 일들이 일어난 뒤에, 주님께서 환상 가운데 아브람에게 말씀하셨다. "아브람아, 두려워하지 말아라. 나는 너의 방패다. 네가 받을 보상이 매우 크다."

² 아브람이 여쭈었다. "주 나의 하나님, 주님께서는 저에게 무엇을 주시렵니까? 저에게는 자식이 아직 없습니다. 저의 재산을 상속받을 자식이라고는 다마스쿠스 녀석 엘리에셀뿐입니다.

³ 주님께서 저에게 자식을 주지 않으셨으니, 이제, 저의 집에 있는 이 종이 저의 상속자가 될 것입니다." 아브람이 이렇게 말씀드리니,

⁴ 주님께서 그에게 말씀하셨다. "그 아이는 너의 상속자가 아니다. 너의 몸에서 태어날 아들이 너의 상속자가 될 것이다."

⁵ 주님께서 아브람을 데리고 바깥으로 나가서 말씀하셨다. "하늘을 쳐다보아라. 네가 셀 수 있거든, 저 별들을 세어 보아라." 그리고는 주님께서 아브람에게 말씀하셨다. "너의 자손이 저 별처럼 많아질 것이다."

⁶ 아브람이 주님을 믿으니, 주님께서는 아브람의 그런 믿음을 의로 여기셨다.

뉴욕은 세계의 심장이라 불릴 만큼 화려하고 빠르게 변화하는 도시다. 끝없이 높이 솟은 빌딩들 사이로 자동차의 날카로운 경적이 울리고, 화려한 건물들은 인간의 거대한 야망을 증명하듯 번쩍인다. 그 화려한 빌딩 숲 중에서도 유난히 많은 영화와 소설, 엽서의 배경이 되어온 건물이 있다. 바로 엠파이어 스테이트 빌딩이다.

1930년대 건립 당시 세계 최고 높이를 자랑했던 이 빌딩은 오랜 시간 뉴욕의 자부심이자 상징이었다. 그런데 흥미로운 사실이 하나 있다. 건물은 100년 가까운 세월 동안 그 자리에 그대로 서 있지만, 그 건물의 '주인'은 수차례 바뀌었다는 점이다. 소유주가 바뀔 때마다 운영 방식은 달라졌고, 임대 정책과 건물의 분위기조차 완전히 변했다. 어떤 주인 아래서는 냉철한 금융 기업의 요새가 되었고, 또 다른 주인 아래서는 전 세계 여행자를 끌어모으는 낭만적인 랜드마크가 되었다. 같은 외관을 가진 건물일지라도 '누가 주인이냐'에 따라 그 건물의 방향과 성격이 완전히 달라진 것이다.

우리 삶도 외적인 조건이나 환경이 크게 달라지지 않아도, '누가 내 인생의 주인이냐'에 따라 삶의 방향과 의미는 전혀 다른 길을 걷게 된다. 주인의 자리에 '나 자신'을 앉혀 둔 삶은 끝없는 불안과 치열한 자기 증명의 연속일 수밖에 없다. 반면, 하나님을 진정한 '주님'으로 모신 삶은 신뢰와 순종 안에서 누리는 깊은 평안의 길로 접어든다.

이 장에서 다루게 될 아브람의 이야기도 바로 그 전환점에서 시작된다. 그는 하나님을 '아도나이'(Adonai), 곧 '나의 주님'이라 부른다. 우리는 앞서 2장과 4장에서 아브람과 사래, 그리고 아브라함과 이삭의 이야기를 통해 각각 '엘 샤다이'와 '여호와 이레'의 하나님을 만나 보았다. 그리고 지금 다시 아브람의 이야기를 통해 아홉 번째 하나님의 이름, '아도나이'를 만나 볼 것이다. '아도나이'는 이 책의 마지막 장에서 만나게 될 이름과 긴밀하게 연결되기도 한다.

우선, 이 '아도나이'라는 호칭 속에는 깊은 신앙 변화가 담겨 있다. 하나님을 '아도나이'라 부른다는 것은 단순히 경건한 표현이 아니라, 인생의 운전대를 잡고 있던 손을 떼어, 삶의 주도권을 하나님에게 내어드리겠다는 결단의 고백이다.

우리는 종종 하나님을 믿는다고 말하면서도 여전히 스스로를 삶의 주인으로 둔 채 살아간다. 계획도, 판단도, 선택도 여전히 내 안에서 출발한다. 하지만 하나님을 '아도나이'라 부른다는 것은, 이제 그 중심을 옮기겠다는 선언이다. 그제야 비로소 삶은 새로운 질서를 갖게 된다. "내 인생의 주인은 누구인가?" 이 질문은 오늘 우리에게도 여전히 따라온다. 이제 이 질문을 붙잡고, 하나님을 '아도나이'라 부른 아브람의 여정을 함께 따라가 보려고 한다.

내 인생의 주인은 누구인가

창세기 15장 2절에는 '아도나이'라는 이름이 처음으로 등장한다. 이는 "주님이신 하나님"이라는 고백이다. 히브리어 '아도나이'는 영어 성경에서 LORD, Lord, lord로 번역되지만, 이들 사이에는 미묘한 차이가 있다. 모든 글자를 대문자로 쓴

LORD는 하나님의 고유한 이름인 '야훼'(YHWH) 혹은 '여호와'를 뜻한다면, 첫 글자만 대문자인 Lord는 하나님의 권위를 인정하고 높이는 인격적인 존칭에 가깝다. 반면 소문자 lord는 '주인'이나 '상전'을 의미하는 단어로 영어의 'master'와 비슷하다. 정리하면 LORD와 Lord 이 두 표기는 하나님의 주권을 상징하는 '아도나이'를 뜻한다.

유대인들은 하나님의 이름, '야훼'를 감히 입에 올리지 않을 만큼 그분을 경외했기에, 성경을 읽다가 '야훼'가 나오면 '아도나이'라고 바꾸어 불렀다. 영어 성경의 번역자들은 이러한 구별을 살리기 위해 LORD, Lord, GOD 등으로 표기했다.

사실 '주인'이라는 단어는 현대인에게 무척 낯설고, 때로는 불편하게 들린다. 우리는 자율성이 중시되는 시대를 살고 있고, 누구의 통제도 받지 않고 싶어 한다. "내 인생은 내 것"이라는 말이 시대의 구호처럼 당당하게 들리는 이유다. 하지만 성경은 이와는 전혀 다르게, 모든 사람은 결국 누군가의 '종'이라고 말한다.

사도 바울은 로마서에서 날카로운 질문을 던진다. 우리가 누구에게 자신을 내어 주고 순종하든, 결국 그 순종함을 받는 대상의 종이 된다는 사실을 알고 있느냐는 물음이다(롬 6:16

참조). 죄의 종이 되어 죽음의 길로 끌려가든, 하나님의 종이 되어 의로운 삶으로 나아가든, 인간에게 '주인 없는 삶'이란 존재하지 않는다. 예수님 역시 한 사람이 결코 두 주인을 섬길 수 없음을 지적하시며, 우리가 하나님과 재물을 동시에 주인으로 모시는 것은 불가능하다고 못 박으셨다(마 6:24 참조).

결국 문제는 '누구를 주인으로 모실 것인가'로 귀결된다. 바울은 갈라디아서에서 그리스도께서 우리를 자유롭게 하려고 자유를 주셨으니, 이제는 다시 종의 멍에를 메지 말고 굳건히 서라고 권면한다(갈 5:1 참조). 이 말은 언뜻 역설처럼 들린다. 자유를 얻었는데 다시 어딘가에 속하라는 뜻인가? 그렇다. 성경이 말하는 진짜 자유는 아무도 없는 광야에 홀로 서는 방종이 아니라, 나를 진정으로 살게 할 '올바른 주인'을 모실 때 주어지는 선물이기 때문이다.

우리의 일상을 돌아보면, 주인은 언제나 다양한 얼굴로 우리를 지배하고 있다. 돈이 주인일 때, 우리는 계좌에 찍힌 숫자에 따라 하루의 기분이 좌우된다. 평판이 주인일 때, 사람들의 시선 하나에 마음이 흔들린다. 쾌락이 주인일 때, 우리는 순간의 만족을 위해 자신을 내어 준다. 때로는 자기 자신이 주인인 경우도 있다. 내가 세운 기준이 절대가 되고, 내 감정이 판단의 기준이 될 때, 우리는 '나'라는 주인을 섬기고 있는 것이다. 결국 모든 사람은 무언가의 주인을 섬기고 있다.

우리의 질문은 "종이 될 것인가, 아닐 것인가"가 아니라, "누구의 종이 될 것인가"로 바뀌어야 한다. 아브람이 하나님을 '아도나이'라 부른 것은 이 질문의 답이었다. 그는 자기 힘으로 인생을 이끌던 사람에서, 하나님의 주권을 인정하는 사람으로 바뀌었다. '아도나이 여호와', 그 이름은 지금도 우리에게 같은 질문을 던진다. "누가 너의 삶의 주인인가?" 그리고 그 질문 앞에 진심 어린 대답을 내어 놓는 순간, 우리 삶은 새로운 질서 안에서 움직이기 시작할 것이다.

두려움 속에서 '아도나이'를 부르다

삶의 주인이 누구인지 묻는 질문은, 결국 두려움의 순간에 가장 선명해진다. 모든 것이 내 뜻대로 움직이지 않을 때, 그제야 우리는 '누가 나를 붙들고 있는가'를 절실히 깨닫는다. 성경은 바로 그런 장면에서 아브람의 이야기를 시작한다.

"이후에"라는 이 짧은 단어에는 한 인간의 내면이 격렬하게 요동치던 시간이 함축되어 있다. 아브람은 방금 조카 롯을 구하기 위해 네 왕의 연합군과 싸워 승리하고 돌아온 참이었다. 겉으로는 기적적인 승리를 거둔 영웅이었으나, 정작 그의 마음은 평안하지 않았다. 거대 세력의 보복이 언제 닥칠지 모른다는 불안이 그림자처럼 따라붙었고, 그들에 비하면 자신의 세력은 한없이 보잘것없어 보였다.

육체적 피로보다 아브람을 더 괴롭힌 것은 정서적 고립이었다. 생명을 걸고 구해 낸 조카 롯은 고마움을 전하기는커녕, 다시금 욕망의 도시 소돔을 향해 미련 없이 떠나 버렸다. 그뿐만이 아니었다. 세월은 흘렀고, 하나님의 약속은 여전히 현실이 되지 않았다. 아브람으로 하여금 큰 민족을 이루고 복의 근원이 되게 하실 거라는 말씀을 들은 지는 오래였으나, 그는 여전히 나그네였고, 아내 사래는 불임이었다. 아브람은 이미 팔십을 넘겼다. 그는 당시에나 지금이나 꽤 많은 나이일 뿐 아니라, 이제 인생의 끝자락이었다.

그의 마음에는 묵직한 질문이 맴돌았을 것이다. "하나님의 약속은 어디 있는가?" "내가 믿고 따르는 이 길이 과연 옳은 걸까?" 두려움은 언제나 그렇게 찾아온다. 신앙은 있지만 현실이 버거울 때, 약속은 기억하지만, 증거가 보이지 않을 때, 그때 하나님이 그를 찾아오셨다.

놀라운 것은 하나님이 자신을 '방패'라고 소개하셨다는 점이다. 방패는 공격을 막는 가장 개인적이고 밀착된 방어구다. 칼이나 창처럼 멀리서 휘두르는 도구가 아니라 몸 가까이에 두고 자신을 보호하는 무기다. 하나님은 아브람의 상황을 방관하지 않으셨다. 아브람의 두려움을 정확히 꿰뚫고 계셨다. 그래서 멀리서 위로하지 않으시고, 그의 곁에서 "내가 네 방패"라고 말씀하신 것이다.

시대마다 두려움의 모양은 달라져도 그 본질은 늘 같다. 경제적 불안, 관계의 상처, 건강에 대한 염려, 혹은 사랑하는 사람을 잃을지도 모른다는 두려움. 그럴 때 하나님은 동일하게 말씀하신다. "내가 네 방패다." 시편 기자가 두려움에 휩싸는 날에도 오히려 주님을 의지하겠다고 고백했던 것처럼(시 56:3 참조), 하나님은 우리가 언제든 숨어들 수 있는 가장 안전한 피난처가 되신다. 이것이 바로 '주님'이라는 호칭, 즉 '아도나이'에 담긴 참된 의미다. 우리의 주인이신 하나님은 단지 명령하고 통제하는 군주가 아니다. 그분은 우리의 비참한 현실 한가운데로 기꺼이 들어오셔서, 우리의 떨림을 아시고 불안을 감싸며 끝내 우리를 지켜 내시는 분이다.

솔직한 질문에 응답하시는 아도아니

하나님이 "두려워하지 말라. 내가 네 방패가 되리라" 말씀하셨을 때, 아브람의 반응은 뜻밖이었다.

> 아브람이 이르되 주 여호와여 무엇을 내게 주시려 하나이까 아브람이 또 이르되 주께서 내게 씨를 주지 아니하셨으니 내 집에서 길린 자가 내 상속자가 될 것이니이다(창 15:3).

그의 말은 이렇게 들린다. "주님, 약속하신 복이 무엇입니까? 저는 여전히 자식이 없습니다. 제 종이 제 상속자가 될 것 같습니다." 하나님을 "아도나이" 즉, 주님으로 부르면서도 그

하나님의 이름은,

는 숨김없이 자신의 불안을 꺼내 놓았다. '주님을 인정한다'는 것은 맹목적인 복종이나 침묵 속 복종이 아니다. 진짜 믿음은 하나님에게 질문할 수 있는 관계, 두려움과 의문을 솔직히 털어 놓을 수 있는 친밀함에서 시작된다.

시편의 수많은 노래가 하나님을 향해 어찌하여 나를 버리셨느냐고, 언제까지 나를 잊으시겠느냐고 절규한다. 이 장면 역시 불신이 아닌 신뢰의 표현이었다. 내 비명을 들어줄 유일한 대상이 하나님뿐이라는 확신이 있었기에 그들은 감히 그렇게 울부짖을 수 있었다. 아브람 역시 마찬가지였다. 그는 하나님을 나의 주인으로 모셨기에, 그분 앞에서 가장 인간적인 민낯을 드러내기를 주저하지 않았다

한 청년이 신앙 상담 중 이런 말을 한 적이 있다. "제가 자꾸 하나님에게 질문을 던지는 게, 믿음이 약하다는 뜻 아닐까요?" 나는 이렇게 대답했다. "아니요. 오히려 하나님에게 질문한다는 건 그분을 진지하게 믿는다는 증거예요. 진짜 살아 있는 관계에는 언제나 치열하고 솔직한 대화가 포함되어 있거든요."

하나님은 아브라함의 질문을 불쾌하게 여기지 않으셨다. 무시하거나 꾸짖지도 않으셨다. 간혹 아이가 부모에게 이해

되지 않는 점을 여러 번 물었다가 "내가 몇 번이나 알려 주었니? 이제는 그냥 시키는 대로 하면 안 되겠니?" 하는 식의 핀잔을 듣는 것과는 대조적이다. 하나님은 달랐다. "그랬구나, 네가 아직은 이해하기 어렵겠지. 내가 조금 더 쉽게 설명해 줄 테니 다시 한 번 들어 보렴" 하시며 눈높이를 맞춰 주시는 다정한 아버지의 모습으로 다가오셨다.

하나님은 오히려 그를 이해하시고, 더 선명한 약속으로 응답하셨다. 그 종이 상속자가 아니라 네 몸에서 태어날 자가 상속자가 될 것이라고 단언하셨다. 그리고 하나님은 아브람을 이끌고 밖으로 나가 말씀하셨다.

> 하늘을 우러러 뭇별을 셀 수 있나 보라. 네 자손이 이와 같으리라(창 15:5).

하나님은 말뿐 아니라 '보여 주심'으로 응답하셨다. 믿음이 현실의 무게에 짓눌려 흔들릴 때, 별빛 아래에서 확증을 주신 것이다. 우리 삶에서도 하나님은 여전히 그렇게 일하신다. 그분은 우리가 자꾸 질문을 해도 꾸짖지 않으시고, 오히려 그 질문 속으로 들어오신다.

"하나님, 왜 이런 일이 일어납니까?" "언제까지 기다려야 합니까?" "어떻게 해야 합니까?" 그 어떤 질문도 하나님에게 가져갈 수 있다. 아브람의 탄식에 응답하셨던 '아도나이' 하나님은, 오늘도 우리 삶의 모든 질문에 성실히 대답해 주신다.

믿음으로 바른 관계에 들어가다

별빛 아래서 아브람은 마침내 인생의 주도권을 완전히 넘겨 드리는 믿음의 고백을 하게 된다. 그는 더 이상 약속의 '시점'을 계산하며 초조해하지 않았다. 대신, 약속하신 분의 '성품'이 신실하시기에 그 일은 반드시 이루어질 수밖에 없음을 신뢰하기로 했다. 이 전폭적인 신뢰야말로 나의 주인 되신 하나님, 곧 '아도나이'와 맺을 수 있는 관계의 본질이다. 내 삶의 주도권을 온전히 내어드릴 때, 우리는 그분과의 깊은 사귐 속으로 들어갈 수 있다. 성경은 이 결정적인 순간을 이렇게 기록한다.

아브람이 여호와를 믿으니 여호와께서 이를 그의 의로 여기시고(창 15:6).

이 짧은 한 구절은 성경 전체를 관통하는 가장 위대한 선언 중 하나다. 훗날 사도 바울은 로마서와 갈라디아서를 통해 이 구절을 인용하며, 인간이 자신의 행위가 아닌 오직 믿음으로만 의롭게 된다는 복음의 절대 원리를 설명했다. 여기서 '믿으니'에 해당하는 히브리어 '아만'(Aman)은 단순히 머리로 동의하는 지적 수긍이 아니다. 그것은 '의지하다', '기대다', '전적으로 신뢰하다'라는 역동적인 의미를 품고 있다. 아브람은 불가능해 보이는 현실 속에서도 자신의 판단과 계산을 꺾고, 하나님의 약속을 신뢰했다.

하나님은 이 믿음을 '의'로 여기셨다. 여기서 '의'란 도덕적 결함이 없는 완벽한 상태가 아니라 '하나님과의 올바른 관계' 안으로 들어왔음을 의미한다. 아브람은 무언가 대단한 업적을 쌓아서 의로워진 것이 아니다. 그저 하나님을 신뢰함으로써 그분과의 바른 관계를 회복했을 뿐이다. 이것이 바로 우리가 누리는 복음의 본질이다. 우리 역시 어떠한 공로나 자격이 아니라, 오직 하나님의 약속을 붙드는 그 믿음 하나로 하나님 앞에 설 자격을 얻는다.

사람들은 흔히 아브람을 '믿음의 조상'이라 부르며 그의 믿음을 쉽게 이해하려 하지만, 당시 그의 상황에서 하나님을 믿는다는 것은 사실상 비상식적인 일에 가까웠다. 여든이 넘은 나이, 생물학적으로 이미 닫혀 버린 가능성 앞에서 하나님이 말씀하셨으니 반드시 된다고 믿는 것은 엄청난 자기 부인을 요구하는 일이었다. 눈에 보이는 증거와 이해할 수 있는 이유가 있어야만 움직이는 우리에게, 보이지 않는 것을 믿었던 아브람의 '아만'은 오늘날 우리에게도 도전이 된다.

놀랍게도 아브람이 밤하늘 아래서 맺은 이 언약은 수천 년의 시간을 넘어 예수 그리스도 안에서 완전하게 완성된다. 바울은 갈라디아서에서 하나님이 아브람에게 약속하신 '그 자손'이 바로 오직 한 사람, 그리스도라고 밝힌다(갈 3:16 참조).

예수 그리스도는 이 땅에 완전한 '아도나이'로 오셨다. 그러나 그분은 권력으로 굴복시키는 군주가 아니라, 오히려 사랑으로 자신을 내어 주시는 주님이셨다. 기독교 신앙의 가장 큰 경이와 아름다움이 바로 여기서 발견된다. 예수님은 십자가에서 자신의 주권을 내려놓음으로써, 역설적으로 온 우주의 참된 주권을 완성하셨다.

아브람이 밤하늘의 별을 바라보며 하나님의 약속을 믿었던 것처럼 우리는 십자가를 바라보며 그리스도 안에서 완성된 하나님의 약속을 믿는다. 그리고 아브람과 마찬가지로, 우

리도 믿음으로 의롭다 함을 입는다. 이것이 복음이다. 하나님
은 지금도 아브람에게 하셨던 그 약속을 우리에게, 믿음으로
사는 모든 이에게 이루고 계신다.

아도나이 신앙을 일상 속에서 사는 방법

아브람의 믿음 이야기는 단지 과거 신앙 고백이 아니다. 그것
은 오늘을 사는 우리에게도 여전히 살아 있는 부르심이다. ‘아
도나이’, 곧 내 삶의 주님이신 하나님을 믿는다는 것은 단순히
지식적인 것이 아니라 삶의 주도권을 하나님에게 완전히 드
리는 일이다.

그렇다면 ‘아도나이의 신앙’을 일상 속에서 어떻게 살아
낼 수 있을까? 가장 먼저 필요한 것은 ‘부분적인’ 주인이 아닌
‘전부’의 주인으로 그분을 인정하는 일이다. 우리는 습관적으
로 “주님은 내 삶의 주인”이라 고백하지만, 정작 재정이나 진
로, 인간관계의 어떤 영역에서는 여전히 내가 주인이 되어 행
동한다. 마치 하나님에게 “이 부분은 제가 알아서 하겠습니
다. 필요할 때만 도와주세요”라고 말하는 것과 같다.

그러나 아도나이 하나님은 주일 예배의 공간에만 머무시는 분이 아니다. 지루한 일상이 반복되는 월요일의 사무실은 물론, 산더미 같은 가사와 돌봄이 기다리는 거실의 소란함 속에도 머무시며 시간의 주인이 되신다. 내 삶에 하나님의 주권이 닿지 않는 '사각지대'가 있다면, 그곳에는 반드시 다른 주인이 자리 잡는다. 그것이 돈이든, 명예든, 쾌락이든, 혹은 자기 자신이든 말이다.

또한 아도나이 신앙은 침묵하는 복종이 아닌 '솔직한 관계'를 추구하는 데서 완성된다. 하나님은 우리의 거침없는 솔직함을 두려워하지 않으신다. 오히려 그분은 진실한 대화를 통해 우리와 가까워지길 원하신다. 많은 그리스도인이 '의심하면 안 된다'고 생각하며 마음속 질문을 눌러 두지만, 욥과 모세, 다윗과 하박국 등 성경의 인물들도 하나님에게 끊임없이 질문했고, 때로는 항의하기도 했다. 그렇게 치열한 대화 속에서 하나님을 더 깊이 만났다.

진짜 관계는 정직한 부르짖음에서 시작된다. "너희가 내게 부르짖으며 내게 와서 기도하면 내가 너희의 기도를 들을 것이요, 너희가 온 마음으로 나를 구하면 나를 찾을 것이요 나를 만나리라"(렘 29:12-13)는 예레미야의 말씀처럼, 하나님은 우리의 불안과 의심, 심지어는 분노까지도 넉넉히 품으시는 분이다. 아브람의 탄식에 별빛으로 응답하셨던 것처럼, 하나님은 오늘 우리가 쏟아 내는 말들을 단 한 마디도 놓치지 않고 다 듣고 계신다.

결국 이 모든 여정의 끝은 예수 그리스도 안에서 '완성된 복음'에 뿌리를 내리는 일이다. 우리가 하나님 앞에 당당히 설 수 있는 근거는 우리의 행위가 아니라, 예수 그리스도의 십자가라는 완전한 사랑에 있다. 아브람이 불가능한 약속을 믿음으로 의롭다 함을 받았듯, 우리 역시 그리스도 안에서 의롭다 함을 받았다.

존 스토트는 『그리스도의 십자가』(IVP 역간)에서 이렇게 말했다. "그리스도의 십자가는 하나님의 사랑과 정의가 완벽하게 만나는 장소이다." 십자가는 하나님이 얼마나 우리를 사랑하시는지를 보여 주는 동시에, 죄에 대한 하나님의 거룩한 정의를 드러낸다. 복음은 우리가 아무것도 할 수 없을 때, 하나님이 모든 것을 하셨다는 선언이다.

하나님은 우리의 두려움 한가운데 찾아오셔서 말씀하신다. "두려워하지 말라, 내가 네 방패다." 그분은 우리의 솔직한 질문에 귀 기울이시고, 보이지 않는 것을 끝내 신뢰하려는 그 연약한 믿음 하나를 세상에서 가장 귀한 '의'로 여기신다. 그리고 마침내 이 언약은 예수 그리스도라는 완전한 '아도나이'를 통해 완성하신다. 그분은 힘으로 억누르는 주인이 아니라 자신을 통째로 내어 주심으로 우리를 죽음에서 건져 내신 사랑의 주님이시다.

수천 년 전, 아브람이 별빛 아래 서 있던 그 고요한 밤을 상상해 본다. 손에 쥔 것은 아무것도 없었고 현실은 여전히 불임의 상태였지만, 그는 고개를 들어 하늘을 올려다보며 고백했다. "아도나이, 나의 주님." 그 믿음이 인류의 이야기를 바꾸어 놓았다. 위대한 일은 언제나 작고 고요한 신뢰에서 시작된다.

매일 아침, 눈을 뜨자마자 이렇게 고백의 첫 문장을 떼어 보는 건 어떨까. "주님, 오늘 하루가 여전히 버겁고 막막하지만, 제 인생의 주인은 당신입니다." 이 짧은 고백 하나를 하고 나면, 다시 새로운 숨을 쉬게 될 것이다. 이 고백 속에는 우리의 완벽함보다 진심이 담겨 있기 때문이다. 그 진심이 바로 아도나이를 믿는 믿음이다.

우리도 이런 하루를 살아가면 좋겠다. 별빛조차 희미해진 캄캄한 밤에도 십자가를 바라보며 그리스도 안에서 이미 완성된 약속을 끝내 믿어 내는 삶. 눈에 보이지 않아도, 가슴으로 느껴지지 않아도, 그분이 내 삶의 주인이시라는 사실만은 흔들리지 않는 믿음으로 말이다.

오늘 밤, 창밖의 작은 별을 보며 이렇게 고백해 보자. "주님, 제 삶의 주인은 당신이십니다." 이 한 문장이 내 삶을 밝혀 줄 것이다. 또한 이 고백은 우리 안에서 평안이 되고, 다시 시작할 용기가 될 것이다.

내 삶에 새겨진 하나님의 이름은,

하나님의 이름을 머리로 이해하는 단계를 넘어, 내 삶의 언어로 고백하기 위한 나눔입니다. 지금 이 순간 마주한 고민과 상황 속에 하나님의 이름이 실제적인 해답이 되고 있는지 점검하며 솔직하게 나누어 보십시오.

1. 내 인생의 운전대를 실제로 쥐고 모든 결정을 내리는 '주인'은 누구인가? (나의 성공 공식, 돈의 논리, 혹은 주님)

2. 일상의 영역(소비, 시간 활용, 진로 등) 중 여전히 "주님, 이건 제가 알아서 할게요"라고 고집하는 부분은 무엇인가?

3. 예상치 못한 위기가 닥칠 때, 나는 본능적으로 누구의 조언을 먼저 구하며 무엇을 가장 의지하는가?

4. 아브람처럼 하나님에게 정말 솔직하게 터놓고 싶은, 아직 해결되지 않은 의문이나 원망 섞인 질문이 있는가?

5. 내 노력이 아니라 '오직 믿음'으로 인정받는다는 진리가, 오늘도 무언가를 잘해내야 한다는 강박을 어떻게 깨뜨리는가?

작은 실천

○ 결정하기 전, "주님이라면 어떻게 하실까?" 먼저 질문하기
○ 계획이 틀어질 때, 내 고집을 내려놓고 "내 삶의 주인은 주님이십니다"라고 고백하기
○ <은혜> 찬양 부르기

Jesus

Chapter 10

모든 서사를 완성하는
최후의 이름,
예수

¹⁸예수 그리스도의 나심은 이러하니라 그의 어머니 마리아가 요셉과 약혼하고 동거하기 전에 성령으로 잉태된 것이 나타났더니

¹⁹그의 남편 요셉은 의로운 사람이라 그를 드러내지 아니하고 가만히 끊고자 하여

²⁰이 일을 생각할 때에 주의 사자가 현몽하여 이르되 다윗의 자손 요셉아 네 아내 마리아 데려오기를 무서워하지 말라 그에게 잉태된 자는 성령으로 된 것이라

²¹아들을 낳으리니 이름을 예수라 하라 이는 그가 자기 백성을 그들의 죄에서 구원할 자이심이라 하니라

²²이 모든 일이 된 것은 주께서 선지자로 하신 말씀을 이루려 하심이니 이르시되

²³보라 처녀가 잉태하여 아들을 낳을 것이요 그의 이름은 임마누엘이라 하리라 하셨으니 이를 번역한즉 하나님이 우리와 함께 계시다 함이라

²⁴요셉이 잠에서 깨어 일어나 주의 사자의 분부대로 행하여 그의 아내를 데려왔으나

²⁵아들을 낳기까지 동침하지 아니하더니 낳으매 이름을 예수라 하니라

하나님의 이름은,

18 예수 그리스도의 태어나심은 이러하다. 그의 어머니 마리아가 요셉과 약혼하고 나서, 같이 살기 전에, 마리아가 성령으로 잉태한 사실이 드러났다.

19 마리아의 남편 요셉은 의로운 사람이라서 약혼자에게 부끄러움을 주지 않으려고, 가만히 파혼하려 하였다.

20 요셉이 이렇게 생각하고 있는데, 주님의 천사가 꿈에 그에게 나타나서 말하였다. "다윗의 자손 요셉아, 두려워하지 말고, 마리아를 네 아내로 맞아 들여라. 그 태중에 있는 아기는 성령으로 말미암은 것이다.

21 마리아가 아들을 낳을 것이니, 너는 그 이름을 예수라고 하여라. 그가 자기 백성을 그들의 죄에서 구원하실 것이다."

22 이 모든 일이 일어난 것은, 주님께서 예언자를 시켜서 이르시기를,

23 "보아라, 동정녀가 잉태하여 아들을 낳을 것이니, 그의 이름을 임마누엘이라고 할 것이다" 하신 말씀을 이루려고 하신 것이다. (임마누엘은 번역하면 '하나님이 우리와 함께 계시다'는 뜻이다.)

24 요셉은 잠에서 깨어 일어나서, 주님의 천사가 말한 대로, 마리아를 아내로 맞아들였다.

25 그러나 아들을 낳을 때까지는 아내와 잠자리를 같이하지 않았다. 아들이 태어나니, 요셉은 그 이름을 예수라고 하였다.

며칠 전 카페에서 한 젊은 엄마가 갓난아기를 안고 있는 모습을 보았다. 그 모습이 너무 다정해서 나도 모르게 가벼운 인사를 건네며 물었다. "아기가 참 순하네요. 몇 개월이나 됐나요?"갑작스러운 말 걸기였지만, 아이 칭찬에 그 엄마의 표정이 금세 밝아졌다. 그리고 나는 아이의 이름이 궁금해져 조심스레 물었다. "아이 이름이 뭐예요?" 그 순간, 그 엄마의 얼굴에 아까보다 환한 미소가 번졌다. 아이의 이름을 말하며, 목소리 끝에 사랑이 묻어났다. 나도 덩달아 기분이 좋아져 이름의 뜻도 물었다. 그랬더니 한 자 한 자 정성껏 아이 이름의 의미를 설명하며 덧붙였다. "아이가 이름처럼 잘 자라길 바라는 마음으로 지었어요." 그 대답을 듣는 순간, 이름이란 결코 단순한 호칭이 아니라는 사실을 새삼 또 깨닫게 되었다.

더욱이 한국 문화에서 이름은 한 사람의 성품과 미래를 담아 내는 그릇과 같다. 부모는 아이가 태어나기도 전부터 정성을 다해 이름을 고민하고, 때로는 작명소를 찾거나 신앙의 선배들에게 조언을 구한다. 이름을 짓는 것은 단순히 부르기 편한 단어를 고르는 작업이 아니라, 한 인생을 향한 지극한 사랑과 기도하는 마음이 듬뿍 담긴 행위다.

성경에서도 이름은 단순한 호칭을 넘어 존재의 본질을 담는다. 아브람이 아브라함으로, 야곱이 이스라엘로, 시몬이 베드로로 바뀌어 불릴 때마다 일어난 변화는 단순한 것이 아니었다. 그것은 인생의 경로가 뒤바뀌는 전환점이었고 새로운 사명을 받는 출발이었다. 하나님의 이름 역시 존재의 선언이었다. 그분의 수많은 이름은 단순한 부름을 넘어 성품과 위대한 능력, 그리고 우리와 어떤 깊은 관계를 맺기 원하시는지를 보여 주는 확증이었다.

하나님은 자신의 이름을 매우 중요하게 여기셨다. 십계명에서도 "너는 네 하나님 여호와의 이름을 망령되게 부르지 말라" 하셨다. 유대인들은 그 이름이 너무 거룩하여 차마 발음조차 하지 못했다. 그들에게 하나님의 이름은 입술에 담기에는 너무나도 벅찬 이름이었기 때문이다.

구약의 하나님은 시대와 상황에 따라 엘로힘, 엘 샤다이, 여호와, 여호와 이레, 여호와 라파, 여호와 샬롬 등 수많은 이름으로 자신을 계시하셨다. 그 이름들은 모두 하나님의 성품과 행하심을 담고 있다. 그런데 이 모든 이름은 신약에 이르러 하나의 지점으로 모이며 완성된다. 그 이름은 바로 "예수 그리스도"다.

예수라는 이름 안에서 하나님의 모든 성품과 구원의 계획은 완전한 하나가 된다. 그 이름 안에는 창조부터 종말까지 이어지는 하나님의 모든 이야기가 담겨 있다. 그분의 마음과 계획, 인간을 향한 사랑의 서사가 한 단어 안에 녹아 있다. 그리하여 이름 하나가 곧 이야기가 되고, 곧 구원이 되며, 곧 하나님 자신인 신비가 된다. 이제 마지막 열 번째로, 하나님의 모든 이름이 가리키고 있었던 궁극적인 이름, '예수'(Jesus)를 살펴보려 한다.

한 이름에 담긴 구원의 이야기

마리아에게 일어난 일은 상상조차 할 수 없는 사건이었다. 약혼자 요셉과 아직 혼인을 이루기도 전, 그녀의 몸속에 새로운 생명이 잉태된 것이다. 누구에게도 쉽게 설명할 수 없는 이 비현실적인 소식 앞에서 요셉의 세계는 송두리째 흔들렸다. 정결과 의로움을 소중히 여기던 그에게 마리아의 임신은 감당하기 힘든 사건이었고, 침묵의 밤만 깊어져 갔다.

그 불안한 밤, 요셉의 꿈 속으로 하나님이 보내신 천사가 찾아왔다. 천사는 그에게 세 가지 말을 남긴다. 마리아의 잉태가 부정한 사건이 아니라 성령의 신비로운 역사라는 사실, 그리고 요셉이 마리아를 아내로 맞이함으로써 태어날 아기를 다윗의 적법한 후손이자 약속의 계보 위에 세워야 한다는 사명이었다. 그리고 다음으로, 태어날 아이의 이름을 '예수'라 하라는 구체적인 명령이 뒤따랐다.

당시 유대 사회에서 '예수'라는 이름(히브리어로 '여호슈아', '예슈아')은 그리 낯선 이름이 아니었다. 이 이름은 '여호와는 구원이시다'라는 의미를 지닌다. 당시 로마의 지배 아래 있던 유대 부모들이 자녀에게 이 이름을 지어 준 것은 하나님의 구원을 향한 절박한 소망 때문이었다. 하지만 천사가 들려준 이유는 여느 부모들의 바람과는 차원이 다른 것이었다.

이 선언 속에는, 인류 구원에 관한 세 가지 진리가 담겨 있다. 첫째로, 예수는 구원의 능동적인 주체로 선포되었다. 구약의 역사가 "구원은 여호와께 있[다]"(시 3:8)고, "나 외에 구원자가 없느니라"(사 43:11)고 끊임없이 노래했다면, 이제 천사는 "예수가 구원할 것"이라고 말한다. 이는 구원의 주도권이 옮겨진 것이 아니라, 바로 이 아이가 곧 하나님이라는 사실을 드러낸 것이다.

훗날 예수님이 중풍병자에게 "네 죄가 용서받았다"(막 2:9, 새번역)고 선언하셨을 때 종교 지도자들이 분노했던 이유도 여기에 있다. 오직 하나님만이 하실 수 있는 일을 청년 예수가 행하고 있었기 때문이다. "어찌 저 사람이 감히 저런 말을 하는가? 이는 명백한 신성모독이다. 하나님 외에 누가 죄를 사할 수 있단 말인가!" 그들의 반발은 거칠었으나, 신학적으로는 정확했다. 그들은 구약 성경이 말하는 죄 사함의 원리를 누구보다 완벽하게 이해하고 있었다. 하지만 안타깝게도 그들은 자신들 앞에 서 있는 분이 바로 그 구약이 그토록 예언해

온 구원의 하나님이라는 사실을 꿈에도 몰랐다.

둘째로, 이 구원의 범위는 국경과 혈통의 담장을 허문다. 천사는 "그가 자기 백성을 구원할 자이심이라"고 말했다. 당시 유대인들은 '자기 백성'을 이스라엘로만 한정 지어 이해했을 것이다. 하지만 예수님의 발걸음은 유대를 넘어 모든 민족을 제자로 삼으라는 지상 명령으로 이어졌고, 결국 하나님의 구원이 온 인류를 향해 열려 있음을 증명했다. 사도 바울이 고백했듯, 하나님은 모든 사람이 진리를 알고 구원에 이르기를 원하신다(딤전 2:4). 하나님이 말씀하신 '자기 백성'의 울타리 안에는 2,000년 전의 유대인뿐만 아니라, 오늘을 살아가는 우리도 포함되어 있다.

셋째로, 예수님은 인간의 가장 깊은 병인 '죄'에서 우리를 건져 내신다. 당시 유대인들은 메시아가 로마의 칼날로부터 자신들을 해방해 줄 정치적 영웅으로 오길 열망했다.

성경의 역사서를 한번 살펴보면, 사무엘상하부터 열왕기, 역대기에 이르기까지 수많은 왕의 연대기가 펼쳐진다. 우리가 살아온 세계사 속에도 칭송받는 위대한 군주들이 등장하곤 한다. 그러나 그들 중 단 한 명도 온전한 구원자가 된 이가 없다. 인간은 결코 타인의 구원자가 될 수 없다. 아무리 위대한 왕이라 할지라도 그들 역시 죽음과 죄의 굴레 아래 놓인 인간에 불과하기 때문이다. 그런데 예수는 인간의 근본적인 문제인 '죄'에 다가가셨다. 그분의 구원은 일시적인 사회적 안정이나 외적인 성공이 아니라, 인간 내면의 뒤틀린 중심을 바로잡는 본질적인 회복이었다.

오늘날 우리는 여전히 저마다의 구원을 갈망한다. 누군가는 경제적 결핍에서, 누군가는 무너진 관계에서, 또 누군가는 요동치는 마음의 평화를 얻는 데서 구원을 찾는다. 그러나 예수님이 이 땅에 오신 단 하나의 이유는 우리를 죄에서 구원하시기 위함이었다.

인간의 한계를 넘어오신 구원의 이름

인간의 삶을 위협하는 가장 큰 문제는 어쩌면 정치적 혼란이나 경제적 결핍, 혹은 예고 없이 찾아오는 질병이 아닐지도 모른다. 성경이 말하는 진짜 큰 문제는 바로 '죄'다. 여기서 죄란 단순히 '잘못된 행동'을 넘어선다. 이사야 선지자의 고백처럼, 죄의 본질은 우리와 하나님 사이를 갈라놓고 그분의 얼굴을

하나님의 이름은,

가려 버린 '관계의 단절'에 있다(사 59:2 참조).

하나님과의 관계가 끊어지면 사람 사이의 관계도 도미노처럼 무너진다. 서로를 두려워하고, 끝없이 경쟁하며, 밀어내는 불안의 연쇄가 시작된다. 결국 인간은 자기 자신으로부터도 멀어진다. 세상의 모든 불의와 폭력, 질병과 죽음의 뒤편에는 언제나 이 단절의 그림자가 짙게 깔려 있다.

오래전부터 인간은 이 지독한 공허를 메우기 위해 애써 왔다. 어떤 이는 치열한 자기 계발로, 어떤 이는 엄격한 종교적 의식이나 선행으로 스스로를 증명하려 했다. 그러나 그 누구도 이 문제를 해결하지 못했다. 심리학자 칼 융은 "인간이 자신의 문제를 스스로 해결할 수 없는 이유는, 인간 자신이 바로 그 문제이기 때문이다"라고 말했다. 문제의 원인이 나 자신에게 있다면, 해결의 열쇠는 반드시 나의 바깥에서 와야만 한다. '예수'라는 이름은 바로 그 한계 밖에서 온 구원의 이름이다. 그분은 우리가 도저히 스스로 해 낼 수 없는 일을 완수하러 오셨다.

오랫동안 중독의 늪에서 허덕이던 한 청년을 만난 적이 있다. 수없이 무너지고 다시 일어서기를 반복했던 그는 절망 섞인 목소리로 말했다. "정말 바뀌고 싶어서 죽을 힘을 다해 노력하는데, 도저히 안 돼요." 그는 진심으로 변화되고 싶었지만, 결과는 항상 같았다. 실패와 후회, 수치심이 꼬리에 꼬리를 무는 악순환 속에 갇힌 그에게 나는 조용히 말을 건넸다. "당신이 스스로를 구원할 수 없다는 사실을 정직하게 인정하는 것이 첫 번째 걸음입니다. 그리고 이제는 당신이 아닌, 예수님이 당신을 위해 하실 수 있는 일을 믿어 보세요. 이것이 두 번째 걸음입니다." 그 청년은 마침내 자신의 무력함을 인정하고, 그날 이후, 조금씩 달라지기 시작했다. 완벽한 변화는 아니었다. 그러나 분명 무언가가 바뀌었다.

예수라는 이름은 바로 그런 능력을 지닌 이름이다. 그분은 우리가 스스로는 도저히 건널 수 없는 하나님과의 거대한 간극을 그분의 몸으로 대신 메우셨다. 우리 죄를 짊어지고 십자가에서 죽으심으로써, 끊어졌던 화목의 길을 다시 열어 주신 것이다.

이 이름 안에는 복음의 모든 이야기가 담겨 있다. 죄의 권세와 형벌, 그리고 죄의 뿌리로부터 우리를 해방하시겠다는 하나님의 선언이다. 그분은 인간의 실패 위에 오셨고, 인간의 절망을 품고 구원의 이야기를 완성하셨다.

임마누엘, 장막을 찢고 우리 곁에 계시다

'예수'라는 이름이 우리를 죄에서 건져 내겠다는 약속이라면, 그 약속은 '임마누엘'이라는 또 다른 이름에서 완성된다. '예수'가 하나님이 하시는 '일'에 주목하게 한다면, '임마누엘'은 하나님이 어떤 '마음'으로 우리에게 오셨는지를 선명히 보여 준다. 즉 '임마누엘'은 그 하나님이 지금 이 자리, 우리 곁에 계심을 증언하는 이름이다.

인류는 오랜 세월 동안 하늘을 올려다보며 "하나님은 어디에 계신가?"를 물어 왔다. 그러나 정작 하나님은 가장 낮은 곳을 향해 스스로 몸을 굽혀 다가오고 계셨다.

마태는 오래전 선지자 이사야가 전했던 예언(사 7:14)을 다시 꺼내 들었다. 처녀가 아들을 낳을 것이요, 그 이름을 '임마누엘'이라 하리라는 그 약속은, 단순한 기록을 넘어 하나님이 우리와 함께하실 미래를 향한 거대한 예표였다. 그리고 그 오래된 약속은 예수라는 존재 안에서 살아 움직이는 실체가 되었다.

'하나님이 우리와 함께 계시다'는 임마누엘의 뜻 그대로, 예수님은 하늘의 영광을 뒤로하고 인간의 고단한 시간 속으로 걸어 들어오셨다. 그분은 먼 곳에서 구원의 지침만 내려 주시는 관찰자가 아니라, 우리의 피로와 슬픔, 웃음과 눈물을 온몸으로 겪어 내시는 동행자가 되셨다.

얼마 전, 병원 침상에서 항암의 고통을 견디고 있는 한 성도와 통화를 한 적이 있다. 깎여 나가는 체력과 지쳐 가는 마음속에서도 그분은 "목사님, 그래도 견뎌야죠, 아직은 버틸 수 있어요"라며 담담히 자신을 추스르고 있었다. 나는 잠시 말을 멈추었다가 이렇게 말해 주었다. "예수님이 지금도 함께 계십니다. 바로 지금, 이 순간에도요." 그 짧은 말에 전화기 너머로 깊은 숨소리가 들려왔다. 어떤 화려한 신학적 설명보다 강력한 위로가 '함께 계심'이라는 그 단순한 진리 속에서 흘러나온 것이다.

요한은 이 신비를 두고 "말씀이 육신이 되어 우리 가운데 거하셨다"고 기록했다(요 1:14 참조). 여기서 '거한다'는 말은 본래 '장막을 치다'라는 뜻이다. 구약의 성막이 하나님의 임재의 상징이었다면, 이제 예수님이 참된 성막이 되어 우리 안에 거하신다.

기독교 신앙의 아름다움은 바로 여기에 있다. 모든 종교는 인간이 신에게 다가가는 길을 말한다면, 기독교는 신이 인간에게 내려오셨다는 이야기를 전한다. 하나님은 하늘의 높음을 버리고 비루한 땅으로 몸을 굽히셨고, 영원의 자리에서 시간의 틈으로 들어오셨다. 그 불가능한 이동을 가능하게 한 동력은 오직 사랑이다. 우리가 익숙하게 암송하는 "하나님이 세상을 이처럼 사랑하사"라는 구절 속에는 세상을 향한 복음의 전부가 담겨 있다.

임마누엘은 하나님이 우리를 잠시 방문하신다는 일시적인 개념이 아니다. 사실 성경의 역사를 거슬러 올라가면, 하나님은 에덴동산에서부터 우리와 늘 함께하는 것에 온 마음을 쏟으셨다. 아담과 함께 동산을 거니시던 태초의 교제부터, 광야의 성막과 예루살렘의 성전에 이르기까지 하나님의 시선은 언제나 '우리와 함께 머무는 것'에 머물러 있었다. 하나님에게 우리와의 동행은 단순한 선택이 아니라 자신의 존재를 걸고 이루려 하신 간절한 열망이었다.

그러나 죄는 거룩하신 하나님과 우리 사이에 넘을 수 없는 장벽을 세웠고, 임마누엘의 은혜는 대제사장조차 일 년에 한 번 지성소에 들어갈 때만 허락되는 제한적인 것이 되고 말았다. 하지만 예수님이 그 모든 휘장을 찢고 직접 우리에게 오셨다.

예수님이 '임마누엘'로 오셨다는 것은 단순히 곁에 계시겠다는 사실만을 의미하지 않는다. 그것은 우리의 결핍과 통증, 그리고 차마 말로 다할 수 없는 연약함의 깊이까지 하나님이 자신의 아픔으로 고스란히 느끼고 계신다는 뜻이다. 함께 계시면서 우리의 사정을 살피시고, 부족한 것을 친히 채워 주시겠다는 약속이 바로 임마누엘이다.

오늘날에는 수많은 사람이 실시간으로 연결되어 있다. 그러나 정작 진심을 나눌 상대가 없어 사람들은 더 깊은 소외를 느낀다. SNS 속 '좋아요'는 많지만, 진짜 위로는 드문 것이다. 히브리서 4장 15-16절은 이런 시대를 살아가는 우리에게 큰 위로를 준다.

우리에게 있는 대제사장은 우리의 연약함을 동정하지 못하실 이가 아니요 모든 일에 우리와 똑같이 시험을 받으신 이로되 죄는 없으시니라.

우리를 대표하는 대제사장 예수 그리스도는 우리의 연약함을 결코 외면하지 않으신다. 여기서 중요한 사실은 그분이 우리와 똑같이 시험을 받으셨으나 "죄는 없으신 분"이라는 점이다. 만약 그분에게 죄가 있었다면, 인간적인 관계에 얽매여 공의를 굽히는 불완전한 리더에 그쳤을 것이다. 그러나 죄 없으신 하나님은 죄의 문제를 해결하기 위해 독생자를 죽이시기까지 공의를 지키셨고, 동시에 우리의 아픔을 동정하시는 사랑을 보이셨다. 죄 없으신 분이 우리의 연약함을 온전히 이해하신다는 이 사실 덕분에, 우리는 언제든 은혜의 보좌 앞으로 담대히 나아갈 특권을 누리게 되었다.

그분은 지금도 우리 곁에서 조용히 말씀하신다. "내가 너와 함께 있다." 이 말이 당장의 상황을 극적으로 바꾸지는 못할지라도, 우리가 오늘을 버텨 낼 힘이 된다. 배고픔과 피로, 슬픔과 고통, 그리고 철저한 버려짐을 이미 몸소 겪으신 예수님이 우리의 모든 순간을 온전히 이해하며 곁을 지키고 계시기 때문이다.

구원과 동행의 이름이 만나는 지점

이제 우리는 "예수"와 "임마누엘"이 어떻게 조화를 이루는지 알게 되었다. "예수"가 우리를 죄의 결박에서 풀어내시는 구원의 선언이라면, "임마누엘"은 그 구원을 이루기 위해 우리 곁에 끝까지 머물겠다는 신실한 약속이다.

구원은 멀리서 베풀어지는 도움의 손길이 아니다. 하나님은 직접 인간의 자리로 오셔서 우리의 고통과 연약함, 그리고 죄의 무게를 짊어지셨다. 그분은 우리를 위해 죽으시고, 우리를 위해 다시 살아나셨다. 그것이 바로 하나님의 사랑이 완성된 방식이다. 그렇다면 이 놀라운 두 이름 앞에서 우리는 어떻게 응답해야 할까?

먼저, 믿음으로 그분을 받아들여야 한다. 요셉이 천사의 말을 믿고 마리아를 아내로 맞이했듯이, 우리도 예수라는 이름을 마음 깊이 초청해야 한다. 그분이 우리의 유일한 구원자요, 지금도 우리와 함께하시는 하나님임을 믿는 순간 삶은 방향을 달리하기 시작한다.

성경은 그 이름을 믿고 영접하는 이들에게 하나님의 자녀가 되는 권세를 주셨다고 약속한다(요 1:12 참조). 여기서 믿음이란 거창한 종교적 의식이 아니다. 소란스러운 세상을 뒤로하고 조용히, 그러나 진심을 다해 이렇게 고백하는 일이다. "예수님, 저는 제 힘으로 저를 건져 낼 수 없는 존재임을 고백합니다. 저를 위해 십자가를 지신 그 사랑을 이제는 믿고 싶습니다. 제 마음에 들어오셔서 저의 구원자가 되어 주십시오. 영원히 저와 동행하시며 저의 길을 인도해 주십시오.”

그리고 ‘임마누엘’의 약속을 매일의 현실 속에서 기억해야 한다. 하나님은 우리의 웃음 속에서도, 슬픔과 눈물 속에서도 함께 계신다. 우리가 불안할 때도, 실패할 때도, 그분은 결코 우리를 떠나지 않으신다. 내가 나를 포기하고 싶은 순간조차, 그분은 ‘함께 계심’이라는 약속을 단 한 번도 어기지 않으신다.

마지막으로, 이 아름다운 이름을 세상에 전해야 한다. 예수와 임마누엘이라는 이름은 우리만의 위로로 머물러서는 안 된다. 여전히 수많은 사람이 죄의 무게 아래서 짓눌려 신음하며, 외로움과 두려움 속에서 “누가 나와 함께 있는가”를 묻고 있기 때문이다. 그들에게 예수의 이름은 유일한 길이자, 빛이다. 그 이름을 전하는 일은, 단순히 종교를 권하는 일이 아니라 누군가에게 다시 살아 볼 용기를 건네는 일이다.

예수라는 이름은 단순한 호칭이 아니다. 그것은 하나님의 심장이 우리에게 닿은 가장 뜨거운 방식이다. 그 이름 속에는 우리를 결코 포기하지 않겠다는 구원의 의지가 있고, 임마누엘이라는 이름 속에는 우리를 끝까지 사랑하겠다는 하나님의 진심이 있다. 예수님은 우리를 죄에서 구원하시는 하나님 이시며, 동시에 지금 이 순간에도 우리와 함께 계시는 우리의 주님이시다.

끝까지 함께하시는 이름, 예수

이동원 목사님의 책 『그의 이름은 비밀입니다』(디모데)에는 마음을 깊이 울리는 한 이야기가 실려 있다.

기나긴 암 투병으로 몸과 마음이 야윌 대로 야윈 한 여인이 있었다. 어느 날, 병실 창밖을 바라보던 그녀는 병원 앞 운동장에서 운동회가 열리고 있는 것을 보았다. 문득 세상의 온기가 그리워져 밖으로 나가고 싶은 마음이 들었다. 평소 자신을 도와주던 한 청년의 도움을 받아 휠체어를 타고 운동장으로 나갔다.

그곳에서는 장애인 운동회가 한창이었다. 그녀는 트랙 위를 힘겹게 달리던 한 소녀를 보게 되었다. 몇 걸음 달리다 자꾸 넘어지는 아이였다. 하지만 그때 관중석에서 한 여인이 갑자기 일어나더니 손에 핸드백을 든 채 트랙 안으로 뛰어 들어, 아이 옆을 따라 달리기 시작했다. 그 여인은 아이의 엄마였고, 숨이 차오르도록 외쳤다. "영아야, 멈추면 안 돼! 달려야 해!"

아이는 여전히 비틀거렸지만, 신기하게도 엄마가 함께 달리기 시작한 순간부터 자세가 바로잡히고 리듬이 살아났다. 넘어지더라도 다시 일어났고, 마침내 결승선을 통과하자마자 엄마의 품으로 무너지듯 안겼다. 그 장면을 지켜 본 병상의 여인은 그날 밤, 아들에게 이런 편지를 썼다.

"사랑하는 아들아, 이제 이 병든 몸으로는 네 곁에서 함께 달려줄 수가 없구나. 하지만 내가 보이지 않아도, 내 목소리가 들리지 않아도, 엄마는 여전히 네 곁에서 함께 달리고 있단다. 혹시 네가 힘이 다해 쓰러질 때가 오면, 그때는 주님이 네 곁에 계실 거야. 임마누엘, 하나님이 너와 함께하신다는 약속을 꼭 기억하렴. 그분이 너와 함께 달리실 거야."

그리고 그 편지의 마지막 문장은 이렇게 끝난다.

달려라, 나의 아들아. 임마누엘 파이팅!

나는 이 마지막 문장에서 오랫동안 눈을 떼지 못했다. 그 어머니의 믿음 속에는 '임마누엘'에 대한 확신이 있었다. 비록 내 육신은 아들의 곁을 떠나 보이지 않을지라도, 여전히 아들의 생을 붙들고 계실 하나님을 향한 신뢰가 있었다. 그리고 다음 세대를 위해 기도하며 사랑을 남기는 한 어머니의 믿음이 있었다.

우리가 믿는 예수님은 그런 분이다. 죄에서 우리를 구원하시는 '예수', 지금 이 순간에도 우리 곁에 함께하시는 '임마누엘'. 멀리서 명령만 내리는 신이 아니라 우리를 붙잡고 "일어나 달려야 해"라고 응원하며 함께 달리시는 분이다. 우리의 죄와 상처, 삶의 고통이라는 무거운 짐을 대신 짊어지시고, 우리가 결승선을 통과하는 그날까지 결코 멈추지 않는 사랑의 동행자시다.

삶이라는 긴 경주를 이어 가는 우리 모두에게, 사실 이 이름 하나면 충분하다. 예수. 그분의 이름이 오늘도 우리의 숨이 되고, 우리의 걸음이 되기를 바란다.

내 삶에 새겨진 하나님의 이름은,

하나님의 이름을 머리로 이해하는 단계를 넘어, 내 삶의 언어로 고백하기 위한 나눔입니다. 지금 이 순간 마주한 고민과 상황 속에 하나님의 이름이 실제적인 해답이 되고 있는지 점검하며 솔직하게 나누어 보십시오.

1. '예수'라는 이름을 부를 때, 구약의 하나님(엘로힘, 엘 샤다이, 아도나이 등)보다 더 가깝고 친밀하게 느껴지는가? 그렇다면, 그 이유는 무엇인가?

2. 나는 지금 어떤 구체적인 결핍(외로움, 중독, 경제적 압박 등)으로부터 구원받기를 갈망하고 있는가?

3. 하나님이 지금 이 공간에 함께 계신다는 사실이 공기처럼 자연스럽게 느껴지는가, 아니면 아주 가끔씩만 떠오르는 특별한 사건인가?

4. 가장 외롭고 고립되었다고 느끼는 순간, '하나님이 나와 함께
하신다'는 사실을 기억한다면 내 마음의 온도는 어떻게 달라
지겠는가?

5. 예수님을 내 삶의 진정한 구원자이자 동행자로 받아들이기
위해, 지금 내 마음의 빈 공간에 가장 채워져야 할 것은 무엇인
가?" (예: 작은 기도의 응답, 가식 없는 솔직한 고백, 상처받은 마음의
치유 등)

작은 실천

○ 잘못에 대한 자책의 한숨이 나올 때, 예수님의 용서를 먼저 기억하기
○ 외로움이 밀려올 때, 내 곁에 계신 '임마누엘 예수님'에게 그 마음을
털어 놓기
○ <예수 가장 귀한 그 이름> 찬양 부르기

에필로그

다시 숨 쉬게 하는 이름

세 삶에서 하나님의 이름을 가장 절박하게 부르짖었던 순간은, 목양실이 아닌 차가운 병원 복도였습니다. 첫째 딸아이의 갑작스러운 입원과 예상치 못한 진단명, 그리고 앞으로 닥쳐올 가혹한 치료 과정을 설명하던 의사의 목소리가 머릿속을 떠나지 않던 날이었습니다. 목회자로서 수많은 성도를 위로해 왔지만, 정작 내 가족의 아픔 앞에서는 모든 신학적 문장이 무색해졌습니다.

사나운 비바람이 몰아치는 캄캄한 밤바다 한가운데 홀로 버려진 듯한 기분이었습니다. 저는 그 막막한 어둠 속에서 무릎을 꿇었습니다. 그리고 떨리는 입술로 간신히 한 단어를 속삭였습니다. "여호와 라파……."

치료하시는 하나님. 그 이름을 부르는 순간, 신기하게도 숨을 쉴 수 있었습니다. 상황은 하나도 변하지 않았지만, 제 안의 무언가는 분명히 달라졌습니다. 내가 혼자가 아니라는 것, 이 어둠 속에서도 치료하시는 하나님이 함께 계신다는 확신이 다시 일어설 힘을 주었습니다.

그날 이후 제게는 하늘을 올려다보며 하나님의 이름을 부르는 습관이 생겼습니다. 산과 바다도 아름답지만, 저는 유독 하늘이 좋습니다. 일부러 시간을 내어 멀리 찾아가지 않아도, 내가 서 있는 그 자리에서 고개만 들면 언제든 볼 수 있기 때문입니다. 부르면 닿을 곳에 하나님이 계신다는 사실을 하늘을 보며 확인하곤 합니다.

담임 목사로 교회를 섬기며 중요한 결정 앞에서 방향을 잃고 헤맬 때도 있었습니다. 어느 길이 옳은지, 어떤 선택이 하나님을 기쁘시게 하는 것인지 도무지 확신이 서지 않았습니다. 기도는 간절했으나 응답은 더뎠고 시간은 무정하게 흘러갔습니다. 막막함이 어깨를 짓누르던 어느 새벽, 말씀을 묵상하다 무심코 바라본 새벽하늘 아래서 한 이름이 가슴에 와 닿았습니다. "여호와 이레……."

미리 보시고 준비하시는 하나님. 제가 보지 못하는 미래를 이미 앞서 보고 계신 하나님. 그 이름을 붙잡는 순간 깨달았습니다. 제가 할 일은 모든 상황을 완벽하게 파악하는 것이 아니라, 이미 길을 예비하신 하나님을 신뢰하며 오늘 허락된 한 걸음을 정직하게 내딛는 것이라는 사실을 말입니다.

이 책은 사랑하는 성도들과 나누었던 말씀들을 다시 정성껏 다듬고 정리한 결과물입니다. 원고를 다듬으며 제가 가장 놀랐던 사실은, 하나님의 이름들이 단순한 신학적 개념이 아니라 살아 있는 위로이자 구체적인 삶의 방향이라는 것이었습니다. 불안이 엄습할 때 '여호와 샬롬'을, 불가능의 벽 앞에서 '엘 샤다이'를, 사무치는 외로움 속에 '임마누엘'을 부르는 것만으로도 우리는 다시 숨을 쉴 수 있습니다.

여러분에게도 그런 순간들이 선물처럼 찾아오길 바랍니다. 삶의 한복판에서 말문이 막히고 눈앞이 캄캄해지는 그 자리에서, 하나님의 이름을 부르는 것만으로도 다시 일어설 힘을 얻는 은혜를 누리시길 소망합니다. 하나님의 이름은 우리를 향한 그분의 마음입니다. 그 이름을 부를 때마다 우리는 하나님의 심장과 만나게 됩니다. 그리고 그 만남 속에서 확신하게 될 것입니다. 우리는 결코 혼자가 아니며, 우리 삶에는 분명한 방향이 있고, 우리를 향한 하나님의 계획은 단 한 순간도 멈춘 적이 없다는 사실을 말입니다.

부디 이 책이 여러분의 손안에서 단순한 지식으로 끝나지 않기를 기도합니다. 여러분의 가장 고단한 일상 속에서 매 순간 부를 수 있는 이름으로, 다시 숨 쉬게 하는 위로로, 어둠을 밝히는 선명한 이정표로 살아 숨 쉬기를 소망합니다.

이제 책장을 덮기 전, 제가 만난 하나님의 이름을 담아 여러분을 위해 낮은 마음으로 기도합니다.

사랑하는 하나님,
당신의 이름을 알게 하심에 감사드립니다.
불안의 파도가 칠 때, '여호와 샬롬'을,
불가능의 산 앞에서 '엘 샤다이'를,
홀로 버려진 외로움 속에서 '임마누엘'을 부르며
견디게 하시니 감사합니다.

오늘도 각자의 자리에서
당신의 이름이 위로가 되고 방향이 되게 하소서.

숨이 막히는 순간,

당신의 이름 하나로 다시 일어설 수 있게 하소서.

우리가 아는 당신의 이름이 우리의 생각을 결정하고,

우리 삶을 변화시키며,

우리 앞의 큰 산을 평지로 경험하게 하소서.

우리가 영원히 불러야 하는 이름,

예수님의 이름으로 기도합니다.

아멘.

하나님의 이름은,
오늘 내 삶에 찾아온 열 개의 이름 이야기

초판 1쇄 발행 2026년 2월 20일

지은이 ㅣ 김상호
펴낸이 ㅣ 김세나
펴낸곳 ㅣ 소유

출판등록 ㅣ 2025.10.15 제 2025-000051호
주소 ㅣ 08015 서울특별시 양천구 신목로 34, 현승빌딩 3층 A36호
홈페이지 ㅣ www.soyoubooks.kr
이메일 ㅣ soyoubooks@gmail.com

ⓒ 김상호, 2026
ISBN ㅣ 979-11-995845-1-8 03230

두
번
째
冊

_____________ 님이 알고 있는

하나님의 이름이

오늘의 삶을 만듭니다.

하나님이 알려 주신 이름을 부르며

산 너머에 계신 그분을

바라볼 수 있기를 응원합니다.

editor